CAMBIAR

UNA GUÍA PRÁCTICA ESENCIAL

Isaac López Pita

KOLIMA BOOKS

Título original: *Cambiar, una guía práctica esencial*

Primera edición: Marzo 2019
© 2019 Editorial Kolima, Madrid
www.editorialkolima.com

Autor: Isaac López Pita
Dirección editorial: Marta Prieto Asirón
Maquetación de cubierta: Sergio Santos Palmero
Maquetación: Carolina Hernández Alarcón y Carmen Ruzafa

ISBN: 978-84-17566-35-7

No se permite la reproducción total o parcial de esta obra, ni su incorpora-ción a un sistema informático, ni su transmisión en cualquier forma o por cualquier medio, sea este electrónico, mecánico, por fotocopia, por grabación u otros métodos, el alquiler o cualquier otra forma de cesión de la obra sin la autorización previa y por escrito de los titulares de propiedad intelectual.

Cualquier forma de reproducción, distribución, comunicación pública o transformación de esta obra solo puede ser realizada con la autorización de sus titulares, salvo excepción prevista por la ley. Diríjase a CEDRO (Centro Español de Derechos Reprográficos) si necesita fotocopiar o escanear algún fragmento de esta obra (www.conlicencia.com; 91 702 19 70 / 93 272 04 45).

*Cambiar es hacer y, también,
no hacer y dejarse hacer.*

*A los que quieren cambiar y no se rinden
a pesar de las dificultades.*

ÍNDICE

Primera parte. Lo que significa cambiar **9**

1. A propósito del cambio y de este libro 11
2. El cambio que nos toca vivir. 17
3. Un nuevo modelo socioeconómico 27
4. Cambio y organizaciones 37
5. El camino del cambio. 47
6. Gestionar el cambio en nuestro beneficio 59
7. Cambio y voluntad 67

Segunda parte. Las dificultades del cambio. **75**

1. ¿Qué nos impide cambiar? 77
2. Bloqueados ante el cambio 87
3. Creencias paralizantes 103
4. La falta de formación. «No sé cambiar» 113

Tercera parte. Herramientas para cambiar **121**

1. Inteligencia emocional y resistencias. 123
2. Psicología positiva y horizontes. 139
3. Coaching y creencias. 153
4. Economía conductual. Planificación y toma de decisiones . 161

Conclusiones **177**

Bibliografía recomendada **189**

PRIMERA PARTE
LO QUE SIGNIFICA CAMBIAR

«Todo se mueve, fluye, discurre, corre o gira;
cambian la mar y el monte, y el ojo que los mira».

ANTONIO MACHADO

1. A PROPÓSITO DEL CAMBIO Y DE ESTE LIBRO

Bienvenido a este libro. Si lo está leyendo en este momento lo más probable es que tenga interés en el tema y quiera saber cosas ya.

Permítase algo de paciencia antes de seguir. Leer esta introducción puede resultar útil antes de empezar y entrar en materia. Además de unas reflexiones iniciales, aquí está mi propuesta y también hay algunas indicaciones básicas sobre qué esperar de este libro y cómo leerlo.

En primer lugar, me pregunto y le pregunto: ¿Qué nos hace hablar de cambio?, ¿por qué deberíamos preocuparnos por gestionarlo de una manera eficaz?

Detrás de estas preguntas se encuentra, para mí, una motivación clara: facilitar que el tránsito en la vivencia del cambio, tanto en las personas como en las empresas, se realice de una manera adecuada, evitando sufrimientos innecesarios y superando etapas, para seguir avanzando, para seguir viviendo nuevos desafíos.

Y junto a ese deseo, un convencimiento: la falta de habilidad para gestionar los cambios bloquea los proyectos e impide a personas y organizaciones alcanzar sus objetivos. Por muy adecuadas que sean las decisiones estratégicas, sin una gestión eficaz del paso de un punto a otro, el objetivo marcado no se alcanzará.

Y junto a ese deseo y a ese convencimiento, una solución: la falta de habilidad en la gestión se supera con formación y con asistencia profesional. Quien se ocupe de gestionar el cambio y vivir en un nuevo escenario, estará preparándose para aprovechar lo que viene; quien no lo haga, solo podrá resistir mientras retrasa lo inevitable. Gestionar el cambio es la opción de quienes queremos ser actores de nuestro propio destino.

Nos encontramos ante un momento excepcional. Vivimos en un mundo que se transforma a una enorme velocidad, tanto en lo económico como en lo político y en lo social. Precisamente por eso, «este mundo» nos exige el mayor esfuerzo. Un reto enorme para el que estaremos mejor equipados cuanto más preparados estemos para cambiar. Si no somos capaces de identificar la necesidad de cambiar, de aceptar el cambio y dedicar nuestros esfuerzos a gestionarlo, nos veremos pronto colocados en un sitio al que casi seguro no queríamos ir y del que ya será muy difícil salir.

En este mundo que se transforma, la decisión inicial es optar entre dejarse llevar por las corrientes o intentar navegar. Navegar es gestionar. El mar es lo que es y está como está, pero nuestra opción es elegir hacia dónde vamos, cuándo y con quién, cómo reaccionamos ante las adversidades y cómo aprovechamos las oportunidades. Hay algo de poético y mucho de filosófico en el tema de cambiar, pero también hay mucho de práctica y de habilidad.

Trabajar en el cambio se ha convertido en nuestros días en un paso previo e imprescindible en el proceso de supervivencia de muchas empresas y profesionales, y posiblemente en la inversión más rentable en todos aquellos casos en que los modelos históricos están dejando de funcionar.

En este libro hay mucho de estudio y lectura, pero sobre todo hay mucha experiencia como para aprender a valorar de cerca lo que suponen los cambios. No se ven las cosas de la misma manera una vez que se han vivido, junto a clientes reales, situaciones de gran angustia en procesos abocados al cierre de la empresa, con conflictos de resistencia feroz por parte de directivos y propietarios enfrentados entre sí, o cuando ves a la gente a punto de derrumbarse por miedo a perderlo todo.

También quiero ya desde el principio resaltar la importancia de gestionar los cambios. Este es el planteamiento básico sobre el que se sustenta toda mi propuesta. Lo que quiero decir es que en ocasiones las cosas cambian, mientras que en otras ocasiones nosotros hacemos que cambien con nuestras acciones. A veces no se trata de hablar del origen del cambio, sino de cómo gestionamos los cambios cuando nos acontecen o cuando los promovemos.

Mi propuesta a día de hoy es que la vida no tiene que ver nada con lo que esperamos que suceda, sino un poco con lo que realmente sucede y un mucho, o casi todo, con lo que nosotros hacemos con lo que al final sucede. Aquí cobra sentido la gestión del cambio, como una opción consciente sobre nuestras posibilidades de actuación a partir de un escenario dado que sucede sin que nosotros podamos controlarlo.

Hablar de gestión del cambio es reconocer que este existe, que debe aceptarse, y que podemos y debemos dedicar nuestros recursos a adaptarnos, en nuestro propio beneficio y en el de todos. Hablar de gestión es reconocer la capacidad de intervenir en el proceso. Trabajar en gestión del cambio es adoptar una posición adecuada para acometer reformas, definir proyectos nuevos, sustituir sistemas de trabajo y ayudar, en resumen, a las empresas y a los profesionales a buscar su nuevo sitio en un mundo diferente. Creo firmemente que sobrevivimos porque sabemos cambiar. Gestionar adecuadamente el cambio nos da la vida, a nosotros y a nuestros proyectos profesionales y empresariales.

Este libro trata básicamente de esto, de nuestra capacidad de gestionar nuestro futuro cuando todo se transforma a nuestro alrededor. Es un espacio en el que se exploran las dificultades del cambio y se muestran las herramientas para superarlas y el modo de encontrar la motivación necesaria para guiar el proceso, con la ayuda de los importantes aportes de la inteligencia emocional, la psicología humanista y, en especial, de la psicología positiva.

Aunque la esencia del trabajo tiene una orientación claramente profesional, todo el camino es un recorrido en paralelo entre la empresa y el individuo, entre el cambio personal y el cambio organizacional. Esto es así por todo lo de personal que hay en todos los cambios, y por lo que nos resuenan a nivel interno todas aquellas cosas que no nos gustan de nosotros y querríamos mejorar. Es muy posible que sienta esta resonancia interior en muchas ocasiones porque este libro trata del cambio en muchos aspectos y desde muchas perspectivas.

Habla de por qué cambiamos y de lo que significa cambiar. También habla de los tipos de cambio y de cómo el cambio opera como un proceso que atraviesa distintas etapas, de lo que nos impide y de lo que nos ayuda a cambiar.

Aunque en ocasiones habla de ello desde una perspectiva individual, está visto también desde la perspectiva de las organizaciones, ya sean empresas, asociaciones o cualquier tipo de agrupación pública y privada.

Hacia ellas y hacia los profesionales que se ven abocados a cambiar va especialmente dirigido todo el libro en su conjunto, en el empeño de defender la gestión del cambio como una tarea de todos, y desde el entendimiento del cambio como una cultura, en la que cambiar es lo habitual y no lo excepcional. Si queremos gestionarlo en nuestro propio beneficio esta es una de las claves: entender que el cambio es lo normal e incorporarlo como algo cotidiano.

Mi propósito en ese sentido es que este libro contribuya a abrir ventanas para que entren la luz y el aire de esta nueva cultura en nuestras vidas y al hacerlo las transforme en nuestro propio beneficio. No se trata solo de adquirir algo de formación, sino de terminar con la desnaturalización inmovilista que nos impide ponernos al frente de nuestra propia transformación, como organizaciones y como individuos.

No es un tratado exhaustivo sobre el cambio. Por el contrario, yo lo entiendo como un libro sencillo, un texto de iniciación apto para cualquier persona que sienta inquietud por el fenómeno del cambio profesional y empresarial y que quiera hacer un recorrido por sus aspectos más significativos. Me gustaría que lo leyese todo el mundo interesado en cambiar o afectado por los cambios y que fuese de utilidad para la mayor parte de quienes lo lean.

Entienda este libro como una gran antesala desde la que se puede acceder a muchas habitaciones. Desde esta antesala podrá ver algo de todas ellas, lo suficiente para hacerse una buena idea de si lo que hay dentro le interesa o no, pero no todo lo que realmente se encuentra en cada una. Le invito a que abra usted las puertas que más le llamen la atención. Entre, mire y márchese, o quédese el tiempo que considere. Léalo como quiera: de manera lineal o de forma salteada, capítulo a capítulo, pero tenga en cuenta que está construido de manera que «lo de más al final» se comprende mejor si se ha leído «lo de más al principio».

Pensando en esta exploración, y por si desea profundizar, al final encontrará mis recomendaciones en forma de referencias bibliográficas. En mi opinión, si lee todas obtendrá un enriquecimiento personal muy grande. Ahora bien, teniendo en cuenta el ritmo natural de lectura, eso le llevará bastante tiempo, así que mi consejo es que elija el tema que más le interese o le preocupe y comience por ahí.

Pero eso será al final; ahora le invito a que empiece, a su ritmo, a leer cosas más concretas sobre el cambio y su gestión, y se pregunte si...

¿Estamos preparados para cambiar?

¿Sabemos cómo afrontar un proceso de cambio?

¿Pueden afrontarse cambios sin estar preparados para cambiar?

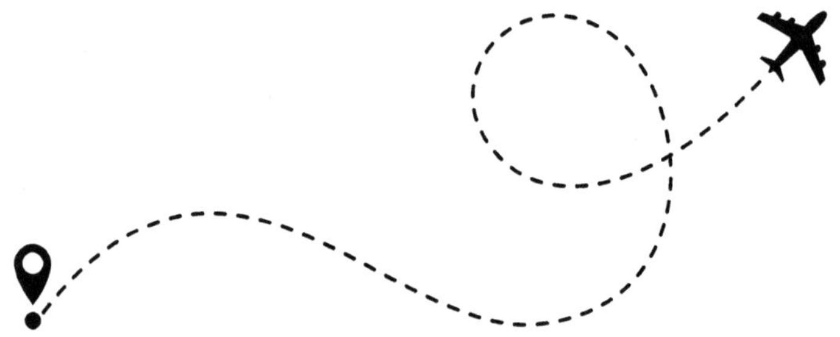

2. EL CAMBIO QUE NOS TOCA VIVIR

«Cambiar» y «cambio» son dos de las palabras más escuchadas en los últimos tiempos. Podríamos decir que vivimos en la moda del cambio, o que «hablar del cambio» está de moda, si se prefiere.

En España, en concreto, la propaganda política ha encontrado en estas palabras un soporte interesante para construir el mensaje de casi todas las fuerzas políticas, hasta el punto de que resulta difícil encontrar un partido o un candidato a algo que no proponga el cambio como razón fundamental para ser votado. Pareciera que cambiar fuese un acto necesario y que, al mismo tiempo, el mero anuncio de «cambiar» fuese un argumento de peso para ser la opción elegida.

También la publicidad de numerosas empresas se ha sumado a esta corriente y ha incorporado como valor asociado a la marca o a sus productos el concepto de cambio. En estos casos podemos encontrar matices a la invitación al cambio ya que las propuestas van más dirigidas a que cambies tú, es decir, «transforma tus hábitos y vente con nosotros, consume lo nuestro».

Pero aunque cambiar parezca ser una cosa de ahora, lo cierto es que el cambio ha sido una preocupación constante a lo largo de la Historia. Hablar del cambio es de hecho remontarnos a los orígenes de la humanidad.

El ser humano desde sus inicios se ha ocupado en reflexionar sobre el tema del cambio y su inevitable vinculación con la vida. «Todo fluye, todo cambia, nada permanece» es la frase célebre que se atribuye al filósofo griego Heráclito, 500 años antes de Cristo, y, desde entonces la cuestión del cambio ha estado históricamente presente con mayor o menor intensidad. Sócrates, no solo reconoce el cambio, sino que señala que «el secreto para cambiar es enfocar toda la energía no en luchar contra lo viejo, sino en construir lo nuevo.»

Aristóteles dedica, a mediados del siglo IV a. C., el libro undécimo de su gran obra, *La metafísica*, a analizar los tipos de cambio, mientras Platón había señalado que los conocimientos nacen y mueren en nosotros, de modo que nunca somos los mismos, ni siquiera en relación con nuestros propios conocimientos (*El banquete-Diálogos*).

El Imperio romano tenía un dios, Janus, representado con dos caras mirando hacia ambos lados de perfil, que era usado para simbolizar el cambio y la transición de una situación a otra, ya que su dualidad le permitía con una cara mirar el pasado y con la otra al futuro.

El cambio no solo aparece en la filosofía del mundo antiguo grecorromano; también en la filosofía oriental está la preocupación por el cambio, de modo que uno de los principios centrales del budismo es la impermanencia. Todo es cambiante, nada se mantiene de manera permanente. La vida misma es cambio.

El budismo incide en la importancia de tomar conciencia del mundo como realidad cambiante y nos alerta sobre cómo nuestro pensamiento nos conduce a pensar equivocadamente en nosotros mismos y nuestro entorno como algo estático e invariable.

Estas reflexiones filosóficas, y otras muchas en el mismo sentido, han acompañado al hombre a lo largo de su evolución durante siglos, al tiempo que la sociedad actual se iba construyendo como resultado de una sucesión de cambios históricos y de inventos como la imprenta en el siglo XV, la máquina de vapor y la enciclopedia francesa del siglo XVIII, el automóvil y la bombilla en el XIX, y la penicilina y la energía nuclear en siglo XX.

Pero, más allá del reconocimiento del cambio como una constante histórica, lo cierto es que estamos en un momento de cambio profundo. Para algunos deberíamos hablar de «cambio de época», para otros tan solo de «época de cambios».

Como soporte del cambio actual se halla la gran revolución tecnológica a la que asistimos, y en especial la explosión invasiva de la informática, hasta el punto de que algunos autores hablan más de revolución informática que de revolución tecnológica y fijan el comienzo del proceso en el desarrollo de los microprocesadores a mediados de la década de los 70. En cualquier caso es evidente que estamos inmersos en una nueva revolución industrial (la cuarta o la quinta, según los expertos a los que se consulte) asociada a la explosión de las tecnologías de la información, las redes de comunicación y el conocimiento en general.

Esta revolución, llamada por algunos «La Segunda Edad de las Máquinas», a diferencia de la registrada a mediados del siglo XVIII, no está basada en la superación de los límites físicos de la fuerza humana, sino en la superación de los límites mentales.

CARACTERÍSTICAS DEL CAMBIO ACTUAL

Lo que sí ocurre en este momento, quizás a diferencia de otros cambios anteriores más asimilables, es que estamos asistiendo a un tipo de cambio muy singular que presenta rasgos de que lo hacen imposible de controlar y muy difícil de gestionar.

Destacaría tres de ellos:
1. La dimensión
2. La velocidad
3. La disrupción

1. La dimensión

El cambio que nos acontece no afecta a determinadas esferas de nuestra actividad ni está localizado en algunos sectores o en algunos países o regiones del mundo. El cambio actual afecta a toda nuestra vida, en todos los aspectos y en todo el mundo como consecuencia, causa y efecto, de la globalización. Tiene repercusión sobre nuestros modelos de vida, sobre nuestro trabajo y sobre nuestro consumo. Es tal su dimensión que asusta.

Según la edad y el momento de quien lea este libro, resultará más o menos sencillo tomar conciencia de qué es lo que ha cambiado en los últimos años y qué repercusión tiene eso, no solo en su vida personal, sino sobre todo en su ámbito profesional y empresarial.

La combinación de los desarrollos informáticos y de la telefonía móvil ha hecho que Internet esté presente en todo en nuestra vida, en cualquier lugar y en cualquier momento, y eso nos está transformando como individuos. Para algunos, como el expresidente de Telefónica César Alierta, este cambio nos lleva hacia una sociedad mejor.

Esta afirmación está en el centro de un debate ético sobre qué se entiende por una sociedad mejor, en el que no se puede perder de vista el hecho de que la comunicación en gran medida se está saturando al tiempo que se despersonaliza, de manera que nos encontramos ante la paradoja de que a pesar del impresionante avance de la comunicación tecnológica, los niveles de incomunicación humana parecen más altos que nunca, quizás porque —como señala Daniel Goleman— la tecnología se apodera de la atención de las personas y la desvía hacia una realidad virtual, insensibilizándolas y produciendo «autismo social».

Lo que parece que no admite debate, más allá de consideraciones éticas, es que esta transformación social, este cambio de dimensión total está modificando nuestra vida en cualquiera de los aspectos en los que queramos poner el foco, ya sea el doméstico o el profesional, el mundo del ocio o el de los negocios, lo público o lo privado.

2. La velocidad

Una de las características singulares del cambio actual es su vertiginosa velocidad. Richard Gerver, un maestro británico que revolucionó el sistema educativo de Gran Bretaña con sus propuestas, señalaba que el siglo XXI es la época en que la velocidad del cambio ha superado nuestra capacidad para controlarlo y que esto es algo que nos está resultando extremadamente difícil de aceptar. El cambio se nos escapa de las manos antes de haber sido asimilado y es reemplazado por otro nuevo, en ese concepto de modernidad líquida de la que habla Bauman.

El hecho de que en la base del cambio de hoy esté la revolución tecnológica conduce a un proceso continuo e imparable, una innovación permanente por la que los desarrollos superan la capacidad de los consumidores de absorber las mejoras, mientras las empresas no tienen tiempo suficiente para amortizar equipamientos que quedan obsoletos —o al menos se ven muy superados— al poco tiempo de ser adquiridos.

Si se echa un vistazo a nuestro pasado reciente veremos que a principios de los 90 aparece Internet y la telefonía móvil, y apenas veinticinco años después vemos que la transformación social que han producido solo esos dos elementos era imposible de prever por nadie, porque la vida antes de ellos era sustancialmente distinta. No solo no existían la telefonía móvil ni Internet, sino que también el uso de la informática era residual y los desplazamientos costaban más del doble de tiempo que en la actualidad. Las fronteras eran fronteras y los pueblos, pueblos.

En apenas veinticinco años se ha abierto una frontera real entre aquellos que nacieron sin Internet y los que nacieron y se educaron incorporando su uso como una herramienta natural de su vida.

Los primeros han sido denominados «inmigrantes tecnológicos» mientras que los segundos son llamados «nativos tecnológicos». Estos últimos ven el mundo desde una perspectiva totalmente distinta a los primeros, quienes además han tenido que hacer un esfuerzo importante por salir del analfabetismo informático y digital porque, además de «los ordenadores», en su vida aparecieron también los teléfonos móviles. En pocos años muchos inmigrantes tecnológicos ya no sobrevivirán, aunque el fenómeno no desaparecerá porque la ruptura tecnológica será continua, de manera que aquellos que nacieron nativos pero no se actualizaron a su manera serán también inmigrantes (o exiliados) de un nuevo mundo donde se juega con nuevas reglas tecnológicas.

Junto a Internet, otro de los cambios impensables a nivel popular hace treinta años fue la llegada de la telefonía móvil. En España, en 1994, al tiempo que Internet crecía imparablemente, Telefónica introduce bajo el nombre «Moviline» la primera generación de telefonía móvil. Luego llegaría Movistar y aparecerían los grandes operadores extranjeros, especialmente británicos y franceses.

El teléfono móvil, aunque entonces no lo sabíamos, iba a transformar la sociedad, al principio por sí mismo, y después, con mucha mayor fuerza, de la mano de Internet. Primero fue paulatinamente evolucionando de ser una herramienta elitista para favorecer la comunicación, esencialmente entre profesionales, a ser un dispositivo de uso universal (personal y laboral).

Después, con la aparición de los *smartphones* (Apple lanza su iPhone en 2007 y hoy en España ocho de cada diez teléfonos móviles ya son inteligentes), el móvil se convirtió en el sistema para llevar Internet con nosotros permanentemente, y en ese momento, convertido en ordenador portátil de bolsillo, se constituyó en un elemento de consumo inmediato y continuo. Los desarrollos informáticos viraron del ordenador al teléfono y la culminación de su dominio sobre lo cotidiano llegó con el uso de las redes sociales telefónicas como Twitter y WhatsApp.

Es evidente, tal y como señala el informe 2017 de la Fundación Telefónica, que estamos en una nueva fase en la que la tecnología pasa de ser una herramienta de acceso a información a convertirse en un medio que ofrece soluciones personalizadas en función de las necesidades del usuario. Las cifras son contundentes: en España la mitad de los españoles es ya usuaria de la eAdministración y el 84,6% de los individuos ha utilizado Internet en los últimos tres meses durante 2017. El 86% de los jóvenes posee un *smartphone* y lo usa como dispositivo de referencia para mensajería instantánea, redes sociales y consumo de música y vídeos en *streaming*, mientras que el 50% son *mobile first*; consumen entre el 90% y el 100% de su tiempo en Red en una pantalla móvil. Posiblemente —o casi seguro— cuando lea esto estas cifras serán aún mayores. En 2020 se espera que haya en torno a 50.000 millones de dispositivos conectados en todo el mundo y ya hay más líneas móviles que habitantes en el planeta (8.500 millones), mientras que más de 4.000 millones de personas acceden a servicios de banda ancha móvil a nivel mundial.

El 80% de los usuarios no deja el móvil para comer, el 75% no lo apaga para practicar sexo y más de la tercera parte lo lleva al baño. Ya existe un nombre para definir el miedo a separarse del móvil, «nomofobia», y la psicología considera que este comportamiento, esencialmente patológico, crecerá de manera muy importante en los próximos años.

Han pasado solo veinticinco años entre dos mundos, casi irreconocibles entre sí, inimaginables para la generación de los *millennials*. Solo veinticinco años. Pero, además, todo esto que acaba de leer pronto será viejo porque la tecnología lo habrá transformado, y solo seguirá existiendo una constante: el cambio.

3. La disrupción

El cambio actual no es solo evolutivo sino también, y principalmente, es disruptivo.

Según la RAE, disrupción significa «rotura o interrupción brusca». En el contexto socioeconómico actual el concepto está vinculado a la innovación y a la tecnología, y viene a referirse a una sustitución traumática en los modos de hacer las cosas, de manera que repentinamente estas dejan de hacerse como se hacían tradicionalmente y se comienzan a hacer de una manera esencialmente distinta.

La disrupción está cambiando la forma en la que funciona el mundo en general, pero también la manera en la que operan los negocios en particular. La disrupción en el campo empresarial es un término cuya acuñación se atribuye al profesor de Harvard Clayton Christensen en 1995, y hace referencia a los cambios que se dan en los modelos de negocios y el valor que aporta la conexión que existe entre la innovación empresarial y la tecnología. Siete de las diez primeras compañías del mundo por valor en Bolsa son tecnológicas y disruptivas: Apple, Alphabet (o Google), Microsoft, Amazon, Facebook, Tencent y Alibaba, lo que demuestra claramente la potencia disruptiva del avance tecnológico actual.

La evolución permite un acoplamiento, pero la disrupción exige una nueva manera de pensar, un aprendizaje nuevo de manera continua.

Podemos fijarnos en el modelo Nokia, una empresa avalada históricamente por su capacidad de cambiar desde su fundación como empresa maderera en el siglo XIX, en una Finlandia que todavía era parte del Imperio ruso.

Tal y como señala Salim Ismail, Nokia, gracias a su capacidad de adaptación, se había convertido en un gigante tecnológico con un valor de 140.000 millones de dólares en 2006, pero después del lanzamiento del iPhone en enero del 2007 cayó hasta que fue adquirida por Microsoft en el 2014 por tan solo 7.200 millones de dólares.

Salim Ismail es, entre otras cosas, el director ejecutivo de la Singularity University, una academia de emprendedores de élite y grandes directivos montada en Silicon Valley, y ha dedicado los últimos años a estudiar las tecnologías más disruptoras y explorar sus posibilidades.

Su libro *Organizaciones exponenciales* se convirtió hace pocos años en un *bestseller*. En él habla de cómo en el siglo XXI han surgido empresas nuevas (*startups* tecnológicas) que en pocos años pasan a facturar miles de millones.

Para él una de las claves está en entender y aceptar la necesidad de la disrupción, es decir, ser capaces de alejarse de los estándares convencionales de las compañías tradicionales. A partir de ahí el reto es convertirse en una «organización exponencial», que es aquella que tiene una estructura pequeña pero capaz de incrementar muy rápidamente sus ventas y sus ganancias de manera repetida. Asegura además que la disrupción ha dejado de ser un elemento exclusivo de determinados ámbitos productivos para afectar a todos los ámbitos.

Tal y como se presenta el futuro, esto no parece que vaya a cambiar sino que va a ir a más, a mucho más. Lo que parece es que la disrupción va a ser una constante y la velocidad de los cambios será aún mayor que lo ha sido hasta ahora.

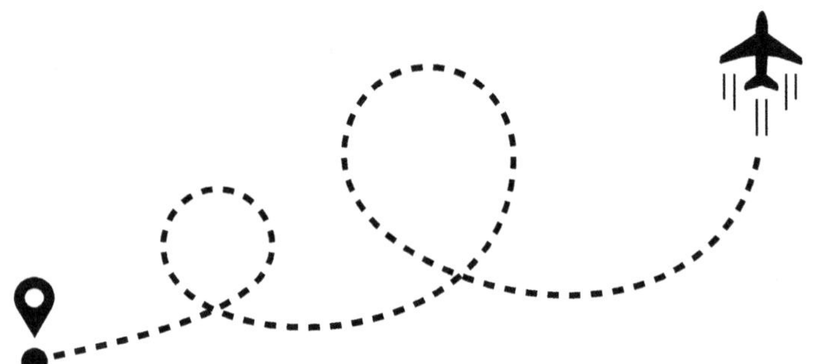

3. UN NUEVO MODELO SOCIOECONÓMICO

Para ser conscientes de la gran dimensión del cambio que nos acontece a nivel socioeconómico podemos observar tres aspectos que reflejan por sí solos cómo se ha transformado la vida en el breve curso del siglo XXI:

1. La globalización
2. La revolución de las comunicaciones
3. El acceso universal a la información

1. La globalización

La globalización es el nombre con el que comúnmente se viene a definir esta nueva situación de interconexión social y económica entre todos los países del mundo, con independencia de su ubicación. Si bien es cierto que no se puede hablar de una extensión universal (es decir, que llegue a todos y a cada uno de los puntos del planeta), lo que sí es indudable es su extensión en la práctica totalidad del mundo desarrollado y en un porcentaje muy alto del resto del mundo. En cualquier caso, en nuestro ámbito cercano la globalización es un hecho indiscutible.

Estrictamente, no se puede decir que sea un fenómeno muy reciente. En realidad la globalización es un proceso que se inicia en Occidente hace setenta años, al final de la Segunda Guerra Mundial, y que cobra fuerza tras la desaparición de modelos económicos no capitalistas. Coge un impulso imparable tras la caída del muro de Berlín en 1990 y la desintegración de la Unión Soviética durante los primeros años de la década de los 90, y recibe el empuje definitivo desde China. Al tiempo que Europa daba la bienvenida al euro, China confirmaba su incorporación al mundo capitalista, con un proceso privatizador y desregulador que la metía de lleno, en los primeros años de este siglo, en el corazón económico del sistema occidental, desde su particular versión del «capitalismo de estado».

El resultado de la globalización no es solo un modelo económico; es ante todo un modelo social que viene determinado por el sistema económico capitalista, en el que las compañías multinacionales tienen un papel determinante gracias a la libre circulación de capitales y personas y a una regulación jurídica favorable.

Este modelo se caracteriza también por no ser especialmente favorecedor del estado del bienestar ni de las políticas de igualdad, por lo que es un sustrato muy favorable a la polarización social de la riqueza, tal y como ha explicado recientemente el economista Tomas Piketty en su ensayo *El Capital en el siglo XXI* sobre la relación entre crecimiento y retribución del capital frente a la renta del trabajo. En sus propias conclusiones, el actual modelo económico hace que los ricos sean cada vez sean más ricos y los pobres más pobres. Si comprendemos que además la clase media fluye más hacia la pobreza que hacia la riqueza, esto se traduce en que el consumo necesariamente descenderá por pérdida creciente y progresiva de la capacidad adquisitiva de la inmensa mayoría de la población.

De hecho, hay un serio riesgo de aumentar la brecha entre ricos y pobres, entre trabajadores con altos niveles formativos (más proclives a aprovecharse de las ventajas de estas nuevas máquinas inteligentes) y aquellos con bajos niveles.

Este repaso histórico tiene por objetivo hacer hincapié en dos aspectos, en parte ya antes citados, que tienen mucho que ver con el cambio y la necesidad de aprender a cambiar:

- La rapidez con que la globalización ha explotado y la previsible velocidad con la que crecerá. Tras una larga gestación, en los últimos años el fenómeno globalizador coge un nuevo ritmo creciente que apunta a que si los cambios han sido rápidos últimamente en el futuro lo serán aún más.
- El aspecto más significativo de este fenómeno es apreciable en el consumo. Se puede encontrar prácticamente lo mismo en cualquier sitio del mundo y los referentes de consumo mundiales funcionan porque cubren necesidades iguales.

Podemos decir entonces que se está produciendo una extensión espectacular del modelo de sociedad de consumo con iconos identificables en cualquier parte del mundo y que este proceso va a ir a más muy rápido. En términos tangibles para muchas personas, la globalización es poder comer en un McDonald´s en la Plaza Roja de Moscú, comprarse un Rolex en Pekín y poder ver Los Simpson casi en cualquier televisión del mundo.

2. La revolución de las comunicaciones

El segundo aspecto citado como referente de la transformación de los últimos veinticinco años se refería a la revolución de las comunicaciones.

Esta revolución ha supuesto básicamente dos cosas: uno, la relativización de las distancias, también fomentada por la libre circulación de personas; y dos, la posibilidad del contacto continuo, instantáneo y permanente con cualquier persona en cualquier lugar del mundo.

Miremos la relativización de las distancias tomando de ejemplo a España y veremos cómo la reducción del tiempo de desplazamiento ha sido espectacular, en gran medida gracias al AVE, pero también por la mejora de las carreteras y la extensión del tráfico aéreo como consecuencia de la existencia de más aeropuertos y más compañías operando.

Observe estos datos:

En 1990 el viaje de Madrid a Barcelona, que no fuese en avión (y con Iberia), suponía no menos de seis horas. Hoy es posible realizar el trayecto en menos de la mitad de tiempo y las personas hacen viajes de trabajo de ida y vuelta en el día continuamente. Trabajar por la mañana en Zaragoza o en Córdoba o en Ciudad Real y por la tarde en Madrid es algo perfectamente normal y algo que yo hago con frecuencia casi semanal. En 1990 era casi obligado hacer noche cuando uno acudía a alguno de los destinos citados en primer lugar.

En el mismo año, los algo más de 1.100 kilómetros que separan La Coruña de Almería exigían no menos de catorce horas de viaje, más las paradas de descanso y comida; es decir dos días de viaje. Hoy es posible desayunar en un punto y cenar en el otro. Cuando yo era niño, a lo que se podía aspirar un fin de semana si vivías en una gran ciudad era a irse a la sierra o al pueblo de los abuelos. Es decir, que en vez de ir de Madrid a Cercedilla, la gente hoy puede irse de Aluche a Los Campos Elíseos o a practicar *windsurf* a Tarifa porque hace un viento estupendo. Siga abriendo el mapa y piense cuántas personas viajan por el mundo, hacen cruceros o se convierten en cazadores profesionales en África por unos días.

No son anécdotas simpáticas ni recuerdos entrañables. Tienen una repercusión enorme en el comportamiento cotidiano de las personas y, lo que es más importante, transforman la visión del mundo, porque uno siente que puede ir a cualquier lado en cualquier momento.

Es cierto que hay que tener dinero para hacerlo y que no todo el mundo dispone de él para estas actividades, pero le aseguro que no es una opción elitista ni estrictamente minoritaria. Al mismo tiempo, este sentimiento transforma el propio autoconcepto de consumidor: nos concedemos el derecho de consumir, tanto bienes como servicios, en cualquier lugar y en cualquier momento. Hemos dejado de ser consumidores locales.

3. Información y comunicación

Finalmente, nuestro tercer dato observable es el acceso a la información.

La revolución tecnológica de la que hemos hablado permite que cada individuo tenga acceso a la información de manera rápida, continua e instantánea gracias a Internet. Y esto es perfectamente aplicable a la formación pero también a la información comercial.

«Nos movemos al son del cambio: las nuevas tecnologías ya están reduciendo el coste y tiempo de comunicación a prácticamente cero». Esto es lo que dice Tamara Erickson, profesora en la London Business School y una autoridad, ampliamente respetada en liderazgo y naturaleza del trabajo en organizaciones inteligentes.

Señala cómo la comunicación más barata y sencilla reducirá la necesidad de las empresas de ser «dueñas» de los recursos. Es más, la coordinación facilitará encontrar el recurso o el talento necesarios según se requiera. Las empresas ya no estarán compuestas de empleados a tiempo completo en su mayoría, sino que serán una comunidad flexible de gente con distintos acuerdos.

Simultáneamente, las nuevas tecnologías hacen que el consumidor-comprador de bienes y servicios tenga acceso a una oferta global a través de la Red. Puede conocer, elegir y ejercer directamente la opción de compra a través de un ordenador, una *tablet* o un teléfono. Reservar viajes, hoteles, comida, comprar ropa, libros muebles, electrodomésticos, entradas para espectáculos, contratar profesionales... Todo (o casi todo) se puede hacer a través de la Red.

Esto supone, como ya se está viendo, una transformación radical del modo de vender, también porque esa mayor información de que dispone el consumidor le hace más exigente y poderoso, por cuanto a través de las redes sociales, con sus críticas y sus recomendaciones, tiene muchísima más capacidad de influencia sobre otros consumidores que antaño.

UN NUEVO MODELO DE TRABAJO

Según la Universidad de Oxford, el 45% de los empleos actualmente existentes desaparecerán en los próximos veinte años, lo que significa que miles de puestos de trabajo dejarán de existir o sufrirán una gran transformación. Por tipo de trabajo, el daño se notará principalmente en los trabajos más básicos, que aportan menos valor añadido, mientras que por tipo de trabajador, los que más lo notarán serán aquellos que no sepan adaptarse. Es de esperar que la destrucción de empleos inicial se vaya compensando con la creación de nuevos puestos, pero en el corto plazo numerosas personas se verán desplazadas del mercado laboral.

Además, se acabará (o se verá reducido en una parte sustancial) el empleo fijo indefinido concentrado en una sola compañía o departamento dentro de la empresa. Toca reinventarse. La nueva realidad implicará necesariamente un tipo de empleo más volátil y flexible, pero también significará una mayor variedad de opciones para aquellos que sean capaces de adaptarse mejor al nuevo medio ambiente laboral. Tal y como señala esta metáfora de Capelli, la vieja relación laboral era como un matrimonio para toda la vida, mientras que la nueva relación será una sucesión de divorcios y nuevos matrimonios. Veremos, en definitiva, un modelo con un creciente protagonismo de profesionales independientes que participan en las empresas por proyectos y sin una vinculación laboral permanente.

No parece improbable tampoco pensar en un futuro cercano en el que los trabajadores se vean asistidos por robots que les ayuden a trabajar con mayor precisión. En determinados campos de la cirugía médica parece que esto ya es así, y esta nueva forma de trabajar abrirá una nueva brecha entre aquellos trabajadores con capacitación y medios suficientes para acceder a esta tecnología respecto a aquellos que no cuentan con ella.

La inteligencia artificial incrementa su presencia por días llegando a todos los ámbitos laborales, de modo que resulta improbable creer que alguno de ellos pueda verse libre de esta nueva «invasión» llamada «economía de máquinas» que incorpora la robótica y la inteligencia artificial a todas las actividades, no solo a aquellas que tradicionalmente se habían desarrollado de manera esencialmente manual, sino también a aquellos trabajos más intelectuales, ya que las nuevas máquinas serán adaptativas y podrán «aprender». Este nuevo marco laboral exigirá cambios culturales que favorezcan la relación entre las personas y la tecnología mediante la formación y la educación.

El peso no recae solo en las administraciones públicas y las empresas; es esencialmente una responsabilidad personal adquirir ante todo una mentalidad preparada para un proceso de cambio continuo.

Las mejores empresas del futuro lo serán porque entre otras cosas se preparen para tomar la iniciativa en la formación de sus empleados. Ya no valdrá con encontrar al empleado con las capacidades adecuadas en un momento concreto. Este trabajador seguramente necesite reciclaje y nueva formación continuamente, y las organizaciones más ambiciosas tendrán que ser conscientes de estos desafíos. Algunos expertos señalan que de cara al futuro será prioritario invertir más esfuerzos en reforzar las capacidades y las aptitudes de los trabajadores en su edad adulta, antes de que pueda ser demasiado tarde. La mayoría de los trabajadores adquieren sus principales destrezas antes de la edad de treinta años, pero sin embargo de cara al futuro puede ser crítico empezar a destinar más recursos e inversiones para la formación en el periodo que va de los treinta a los cincuenta y cinco años.

Tom Gilovich, psicólogo y profesor de la Universidad de Cornell (Estados Unidos) especializado en Economía Conductual, señala que la motivación, el compromiso verdadero de los trabajadores vendrá a través de las implicaciones emocionales, las experiencias y la sensación de significado que cada compañía sea capaz de aportar a sus empleados, porque las experiencias, aun siendo efímeras, nos producen más felicidad y satisfacción que los bienes materiales por varias razones, una de las cuales es que «nos conectan más con otras personas».

En este sentido, las últimas investigaciones en psicología apuntan a que cuanto más cercanas (no necesariamente en el tiempo) son nuestras mejores experiencias, más proclives nos volvemos a ser generosos, colaborativos o positivos en general.

Ante este panorama, cada uno puede decidir si ir contracorriente, lo que supone un desafío casi imposible, dejarse llevar y esperar a que el río le deje en la orilla en vez de despeñarse por una cascada, o, como tercera opción, actuar sin resistirse a este empuje incontrolable de la corriente, buscando la mejor opción posible a lo largo del río. En mi opinión todo apunta en esta dirección. Creo firmemente en la necesidad de aprender a integrar la gestión del cambio como un elemento básico de nuestro sistema educacional, porque quien no esté preparado para gestionar los cambios se va a encontrar en una situación muy difícil de cara a la asimilación de nuevos conceptos y sistemas de trabajo en entornos diferentes y continuamente cambiantes.

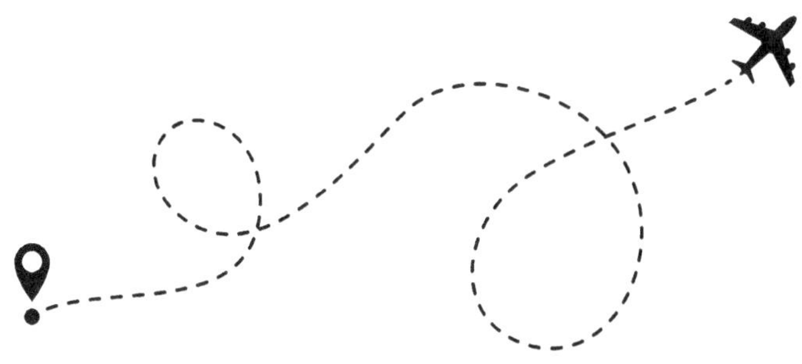

4. CAMBIO Y ORGANIZACIONES

En cierto modo podría afirmarse que la capacidad de «adaptarse» al cambio es el fundamento de la felicidad de las personas y la supervivencia de las empresas. El individuo que no sabe cambiar sufre; la empresa que no sabe cambiar desaparece.

Es cierto que históricamente —al menos desde que la primera Revolución Industrial tiene lugar en el siglo XVII—, el cambio siempre ha formado, forma y formará parte de las empresas y la vida de los profesionales. La cuestión es que ahora, por las razones que se han expuesto, se manifiesta con mucha más intensidad, en gran medida por esa velocidad incontrolable que lo acompaña.

Los modelos sociales, la distribución económica de la riqueza y las nuevas alternativas de consumo y comunicación están definiendo un nuevo modelo de relaciones comerciales y transformando los hábitos de consumo de productos y servicios. Hace poco más de treinta años, el confort y el lujo se alcanzaban a un nivel que ahora se considera «básico» y pretender ser diferente era poco menos que una aventura de locos. El factor humano era fundamental y la comunicación un arte que había que cultivar.

Del mismo modo, las organizaciones con función económica se ven en la necesidad de superar las transformaciones sociales que modifican los ámbitos de consumo o ante la oportunidad de encontrar en esas transformaciones nuevos modelos de utilidad y negocio.

Saber gestionar un cambio organizacional no es fácil y exige tiempo, trabajo y habilidad. Identificar qué es lo que cambia y lo que hay que cambiar, aceptarlo, barajar alternativas, tomar la decisión acertada y ejecutarla, no son tareas rápidas ni sencillas. Todas ellas forman parte del proceso de cambio y su manejo conlleva necesariamente un ritmo que exige tiempo, una dedicación consciente que se materialice en un hacer concreto y una habilidad para esa tarea que facilite que ese hacer sea productivo.

Los cambios actuales han hecho que la esperanza de vida media de las empresas se haya reducido notablemente en un siglo. A principio del siglo XX, las grandes empresas superaban en promedio los sesenta años de existencia, mientras que en la actualidad ese periodo se ha reducido al 25% y en muchos casos la mayoría de ellas desaparecerá o será absorbida en apenas una década. Es cierto que algunos sectores parecen más resistentes que otros, pero más tarde o más temprano todos se verán afectados, y es posible que la mayoría de las empresas cuando llegue el momento de su transformación se vean abocadas a desaparecer o a desangrarse lentamente, perdiendo los recursos generados a lo largo de décadas.

Esto es así porque —como dice Gary Hame, uno de los expertos en negocios más influyentes del mundo a principios de este siglo— «vivimos un momento en el que los cambios cambian: son más rápidos, dañinos e impredecibles. Así que lo importante para una compañía hoy no es su ventaja competitiva en un periodo determinado sino su capacidad para evolucionar y adaptarse al paso del tiempo». Sin embargo muy pocas empresas se preparan para acometer los cambios necesarios.

Por el contrario, la experiencia profesional de estos años de trabajo en el cambio me ha mostrado que lo más frecuente desafortunadamente es que el cambio caiga en las organizaciones como una bomba, algo terrible, una desgracia que nos destroza la vida, algo que nos saca de nuestra confortable rutina. Con frecuencia las organizaciones y las personas no se preparan para cambiar y solo piensan seriamente en el cambio cuando están atravesando una etapa difícil. Suele hacerse además en un entorno de endogamia cultural en el que unos a otros procuran darse la razón sobre lo malos que son los que nos obligan a cambiar.

Admiro profundamente a los ingenieros de Fórmula Uno, no por toda su sabiduría técnica, que también, sino por la normalidad con la que afrontan todos los cambios que sin descanso les impone la FIA (Federación Internacional de Automovilismo). Cuando no hay que reducir la potencia del motor, hay que transformar las dimensiones de los alerones o incorporar nuevos sistemas tecnológicos para adecuarse a las normas de consumo; y mientras tanto hay que probar nuevos compuestos de neumáticos. Y todo ello, además, en un entorno climatológico absolutamente diverso. Eso es saber gestionar los cambios. No me imagino a ninguno de esos ingenieros quejándose cada lunes por las modificaciones en las que se tiene que centrar esa semana.

Por el contrario, en nuestras organizaciones modificar algo tan simple como un horario laboral puede convertirse en un trauma, en una catástrofe de dimensiones épicas, algo tan trascendente como para acarrear bajas por depresión y otras consecuencias dramáticas. No exagero, podría dar nombres y apellidos de personas que han convertido la empresa en un campo de batalla por modificaciones operativas mínimas. No les culpo. Al contrario, los comprendo. Lo que les ocurre es en gran parte resultado de un sistema que les ha conducido a esa situación de inmovilismo y creo que por eso debemos afrontar este asunto como una responsabilidad colectiva. La cuestión es que si no lo hacemos, más allá de responsabilidades últimas el mundo nos va a pasar por encima.

¿HAY SITIO PARA LA EMPRESA TRADICIONAL?

En este contexto de cambio, la pequeña y mediana empresa también está teniendo una tasa de mortalidad muy alta. Son el punto más débil de la transformación que nos acontece como sociedad y como modelo económico, y su falta de acción hace que muchas de ellas estén desapareciendo. Muchas de estas empresas desaparecen por no transformarse. En ocasiones esta transformación no tiene lugar porque se plantea en estructuras muy consolidadas, muy asentadas, con miembros directivos que ya lo saben todo y que no están en disposición de irse todavía, por razones de edad y voluntad de control. Sin embargo, también hay un grupo significativo de empresas en las que esto sucede con motivo del relevo generacional y en las que se plantea, no solo una cuestión de sucesión personal, sino unos nuevos modos de relación interna y con los clientes. Estos nuevos modos generan tal nivel de conflicto que son bloqueados con demasiada frecuencia.

En ambos casos, y en la mayoría de los sectores, la razón de la mortalidad está clara: las empresas mueren porque cambia su entorno y sin embargo ellas no se mueven de sus parámetros de actuación tradicionales. La creencia de que «las cosas siempre han sido así» se convierte en un mandamiento religioso que condena cualquier intento de transformación.

Afortunadamente no siempre es así y puedo señalar casos reales concretos en que lo que sucede es lo contrario. No solo no se niega el cambio, sino que este entorno que cambia para todos se aprovecha como una ventaja competitiva que permite a la empresa que se transforma hacerse más fuerte.

También es cierto que la violencia del cambio que se está produciendo ha hecho pasar a numerosas empresas de situaciones de bonanza a situaciones de gran precariedad, en las que la supervivencia se convierte en su único objetivo. En estos casos, cambiar es mucho más difícil por razones sobre las que profundizaremos más adelante, pero esto es lo que hay.

En el año 2008 estalló una crisis mundial que tuvo una segunda oleada en 2010, y en España una tercera, brutal, en 2012, que hizo que para muchas empresas en apenas cinco años su entorno pasase del blanco al negro. El conocimiento gestor de la empresa (su *know-how*) se volvió inútil. Estaba configurado para sacar partido a un crecimiento desaforado y no servía para gestionar un tipo de recesión sin retorno. De hecho, era muy frecuente escuchar la expresión de «es cuestión de aguantar, ya volverá el ciclo económico positivo». Desafortunadamente para quien pensaba así, esto no es lo que está sucediendo. Sí es cierto que el concepto de ciclo vuelve a cumplirse (y en cierto modo parece que el modelo cíclico de la economía diseñado por Krondatiev sigue siendo válido), pero no es menos cierto que el crecimiento que está volviendo lo hace con parámetros distintos y en base a modelos muy diferentes a los que permitían el desarrollo de la mayor parte de las empresas hace poco más de diez años.

En términos metafóricos podemos decir que la empresa era como un velero preparado para desplegar la mayor superficie de velas posible para aprovechar la fuerza del viento. Tal era su potencia y bondad que en muchos casos la gente se olvidó del arte de navegar, y cuando vino la tormenta solo replegó las velas esperando que amainase. La tormenta está amainando pero ha llevado a los barcos que no se han hundido a un escenario desconocido para sus capitanes. No saben dónde están ni hacia dónde ir.

Ante la sacudida que representa la disrupción, aferrarse a antiguos modelos de negocio y a los viejos métodos para llevar a cabo las actividades solo conduce a la obsolescencia funcional.

La distribución comercial, un ejemplo de cambio

Hay un sector en el que este fenómeno se manifiesta de una manera muy clara: el detal, o dicho quizás de manera más clara para la mayoría, el comercio o sector comercial minorista, entendido como el último eslabón de la distribución, es decir aquel conjunto de empresas encargadas de hacer llegar el producto al cliente final.

La crisis en este sector comercial tradicional se manifiesta como en todos pero más, ya que al comienzo de la crisis estaba muy atrasado y en una posición muy vulnerable. Era un modelo poco evolucionado, muy fragmentado, poco tecnificado y muy dependiente de sus proveedores.

En España, hace poco más de veinticinco años, cuando hablábamos de detal nos estábamos refiriendo a las tiendas o locales comerciales que habitualmente se encontraban en cualquier centro urbano o rural de cierta importancia, y que tenían venta directa al público. El ejemplo más común de este tipo de detal lo constituyeron las tiendas de alimentación (los «supermercados»), pero también las tiendas de ropa, las zapaterías, las ferreterías y otros comercios más especializados como las joyerías, las ópticas, las farmacias o las tiendas de fotografía.

Hoy, sin embargo, su uso se halla más ligado a los centros comerciales que a los centros urbanos, a pesar de los esfuerzos de los pequeños comerciantes locales que intentan conservar un protagonismo, anteriormente casi monopolístico, sobre el consumo de los vecinos. Resulta muy ilustrativa la denominación de «centro comercial abierto» que las asociaciones de comerciantes independientes se otorgan. Parece que nos quieren decir que en el fondo son lo mismo que un centro comercial convencional, pero con la ventaja de estar en el centro de la ciudad. En esta denominación se encuentra sin embargo implícito el reconocimiento de que la fórmula de centro comercial es la que mejor funciona.

Y esto es así, nos guste o no. En una inmensa mayoría de los casos la facturación que genera un centro comercial viene siendo muy superior a la que genera el entramado de comercios tradicionales ubicados en el centro urbano. La gente prefiere comprar en un centro comercial. Las razones están muy estudiadas y básicamente se centran en comodidad, confort climático y variedad de la oferta.

Podríamos discutir mucho sobre el perjuicio o el beneficio que esta transformación está produciendo a nivel social y cultural. Pero lo que es indiscutible es que esta transformación se ha producido. Se ha generado un modelo más moderno en el que adquieren un gran protagonismo las grandes cadenas de estructura vertical (abarcan desde la producción hasta la venta al consumidor final) y se contempla la incorporación de la venta telefónica, y especialmente la venta por Internet.

En las grandes cadenas, cuya vocación es la existencia de numerosos puntos de venta, aparece un factor diferencial frente al comercio tradicional que consiste en el mejor aprovechamiento de recursos comunes, especialmente los referentes a marketing (publicidad y diseño de locales), pero también los referidos a recursos humanos y administración. En paralelo, además, desarrollan nuevos conceptos de la logística y la gestión de la información asociada al producto. No podemos olvidar que la complejidad del detal viene dada por la amplia variedad de artículos y por el alto número de operaciones de venta que producen. Ambos aspectos generan tal cantidad de datos cuyo manejo, eficiente o no, marca una diferencia fundamental en el éxito de un establecimiento frente a otros.

Asimismo hay que destacar el fenómeno creciente de las denominadas marcas blancas, creadas o compradas por la cadena de detal para su uso exclusivo, creando un factor diferencial en base a la relación calidad/precio, que se constituye en otro punto de ventaja indiscutible respecto al comercio tradicional.

Resulta sorprendente que, a pesar de todos estos cambios que estamos viendo —y que ahora sin duda son perfectamente observables para cualquiera que se fije—, haya tantas cosas importantes que sigan igual, como los modelos de gestión, las estructuras de personal y la imagen de los establecimientos. La necesidad de cambiar, de transformación, de las empresas, es hoy mucho mayor que hace diez, veinte o treinta años, pero desgraciadamente para muchos, poco se ha hecho.

Es muy frecuente además que el principal esfuerzo de los propietarios se dirija a conseguir mejores condiciones de compra de los proveedores, generando un enfrentamiento inútil que solo produce desgaste en ambas partes y que debería ser sustituido por programas de colaboración conjunta, mientras que un aspecto fundamental como la inversión en Internet ha sido entre la mayoría prácticamente nulo.

Con carácter general podemos decir que esta evolución se manifiesta en todos los ámbitos del producto, pero lo cierto es que también lo hace en algunos más. Le invito a que dé una vuelta por las calles de su ciudad y compare, por ejemplo en el sector textil, a una tienda que se identifique con el modelo tradicional (aún quedan bastantes) con una que forme parte de una cadena de tiendas (propias o franquiciadas). Estoy convencido de que muchos me dirán que las tiendas tradicionales también tienen «su público» (lo escucho con mucha frecuencia de mis propios clientes); la cuestión es cuántos y por cuánto tiempo. Responda cada uno a su pregunta en función de su propia circunstancia. Mi opinión es que pocos y por poco tiempo.

A la vista de esto, la posibilidad de supervivencia para el comerciante independiente y la pequeña empresa depende en concreto de la capacidad de integración en un nuevo modelo social y económico, con nuevos hábitos de consumo y nuevas estrategias de comunicación y venta.

En la medida en que encuentren su nuevo sitio seguirán siendo útiles a la sociedad y por tanto tendrán futuro. Por el contrario, en tanto en cuanto intenten mantener su modelo a toda costa, desaparecerán como desaparecieron las vaquerías del centro de Madrid.

El fin de las vaquerías en las ciudades

Las generaciones que nacieron en los años 50 y 60 (las correspondientes a la mayoría de los grandes directivos de las empresas del IBEX) se criaron con leche que se vendía a granel en pequeños locales que eran la trastienda de los establos en los que se ordeñaba a las vacas. Para aquel al que esto le suene a ciencia ficción, le diré que el 7 de marzo de 1972, fecha de la clausura final de estos establecimientos en Madrid, había en esta ciudad 229 establos y 3.659 vacas. Tan solo diez años antes (en 1962) había más del triple.

Es fácil entender que a muchas de las personas que montaron vaquerías en la década de los 60 les resultase difícil aceptar que un negocio tan básico como la venta de leche pura, tal y como siempre se había consumido, tuviese los días contados. Pero los tuvo. Tanto que hoy, cuando se pregunta a la gente cómo compra la leche, la inmensa mayoría contesta que en un supermercado o hipermercado, embotellada (preferiblemente en «cartón»), y el sitio lógico de «cogerla» está fuera de la sección de refrigerados. Ciencia ficción para la gente que vivía en Madrid en la época de las vaquerías.

Si usted es muy joven es posible que esto le suene a la Prehistoria, así que le cuento algo mucho más reciente: la venta de zapatos a través de Internet.

Si tiene hoy más de treinta y cinco años, recuerde cómo se compraban los zapatos hace quince, diez y cinco años respectivamente, y dígame cuándo se planteó comprar zapatos pagándolos por adelantado, sin verlos de cerca ni probárselos, pudiendo comprarlos «como toda la vida» en una zapatería convencional. Si usted aún no se lo plantea, tenga en consideración que mucha gente sí lo hace; de hecho, la compra de zapatos *online* ha subido tanto que ya es uno de los cinco productos más vendidos por Internet. Según Google Barometer, el 32% de los españoles compraron su última ropa o calzado a través de Internet.

Recordando nuevamente a Tom Gilovich, si a las personas les llenan más las experiencias que lo puramente material, una solución del comercio presencial frente al comercio virtual es cultivar la experiencia de compra y convertirla en un acto de satisfacción en sí mismo, más allá del producto que se adquiere.

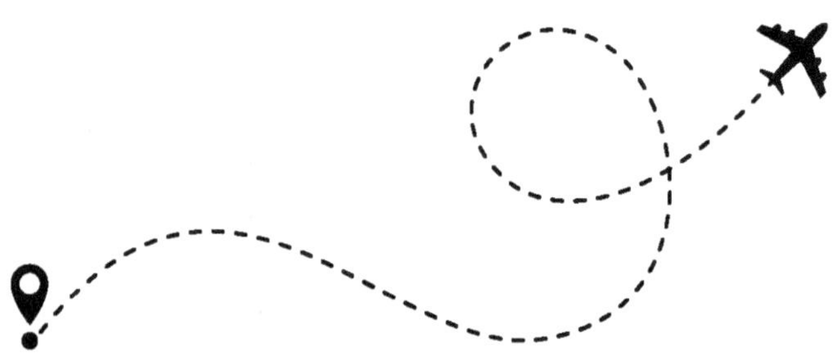

5. EL CAMINO DEL CAMBIO

Es habitual hablar de cambio de esta manera genérica, pero es importante también saber distinguir los ámbitos en los que se mueve el cambio.

La primera tarea es ponernos de acuerdo acerca de qué hablamos cuando empleamos la palabra «cambio», porque es muy frecuente que cada uno de nosotros pensemos en cosas distintas aunque empleemos las mismas palabras para referirnos a ellas.

Si acudimos a nuestros diccionarios populares encontramos que la Wikipedia nos dice que cambio es un concepto que denota la transición de un estado a otro, y que María Moliner a su vez señala en su diccionario que cambio es sinónimo de transformación.

Personalmente me quedo con los tres elementos que forman parte del cambio: *camino, modificación* y *movimiento*. De ellos a su vez se derivan los tres elementos básicos de la gestión del cambio con los que se debe trabajar:

- El cambio como *proceso*
- La *resistencia* como impedimento del cambio
- El *hacer* como condición necesaria para cambiar

Camino	Proceso
Modificación	Resistencia
Movimiento	Hacer

Tabla 1. Los tres elementos del cambio y los tres elementos de la gestión del cambio.

En las diferentes definiciones puede observarse la presencia tanto del concepto de movimiento como de la exigencia de una transformación activa, y por tanto también de la necesidad de un hacer continuado en el tiempo.

De manera muy simple se puede decir que cambiar es pasar de A a B, es decir, desplazarse de un lugar/estado a otro lugar/estado. Lo importante es no solo decidir dónde está B sino trazar el camino y recorrerlo.

En este momento ya sabemos que hay que distinguir entre la tarea de decidir sobre el destino, o «a dónde» (movimiento estratégico), y la tarea de «cómo» recorrer el camino (gestión). Sin embargo, no son apartados totalmente diferenciados. Por el contrario, en determinados aspectos están y deben estar íntimamente ligados. A modo de avance en este aspecto, al que se volverá más adelante, piense hasta qué punto es importante ser conscientes de nuestras posibilidades de recorrido para fijar una meta/destino que sea realista y alcanzable.

Es decir, que nuevamente cobra protagonismo el concepto de gestión porque es indiscutible que cuanta mayor capacidad de gestión, mayor capacidad de elegir destino.

Debemos pensar que, ya sea por motivación intrínseca (nosotros queremos por nuestro propio interés) o extrínseca (desde fuera nos empujan al cambio), el punto B al que nos desplazamos es una mejor opción respecto al A en el que nos encontramos. Quizás (casi seguro) estar en A fue una buena opción en el pasado, pero si hay necesidad de desplazarse lo más probable es que sea porque ya no lo es.

Dando por sentado que sabemos dónde estamos y a dónde queremos ir, rápidamente aparecerán obstáculos que nos dificultarán o impedirán recorrer el camino que tan limpio se veía en el papel y tan claro se visualizaba en nuestra mente.

Existen múltiples aportaciones de autores que se centran en la gestión del cambio y que ponen el foco de sus trabajos en gestionar esos obstáculos y principalmente en entender cómo funciona el proceso de cambio, por qué etapas pasa y qué acciones hay que desarrollar para superar las dificultades que surgen.

De todos estos trabajos se deriva la conclusión indiscutible de que el cambio es un proceso. Sin embargo, no queda tan claro el componente emocional que se encuentra presente en esos procesos. Para mí, y desde mi experiencia, el factor emocional, no solo está presente, sino que además es determinante. Hablaré con más detenimiento del tema más adelante.

Respecto a las aportaciones sobre el proceso y sus dificultades, me parecen especialmente interesantes las de Lewin, Albrecht y Kotter, así como el modelo desarrollado por la empresa PROSCI.

EL MODELO DE LEWIN

Kurt Lewin es un psicólogo de referencia en el siglo XX por diferentes razones. Se le considera padre de la psicología social y también se le vincula al nacimiento de la Gestalt.

Lewin se ocupó del problema del cambio en asuntos tan difíciles como la transformación de la sociedad alemana al final de la Segunda Guerra Mundial.

La cuestión sobre la mesa era cómo llevar a los ciudadanos, sin coerción ni violencia, desde la cultura tradicional (que los había llevado entre otras cosas a la guerra) hacia un sistema democrático similar al norteamericano.

Su aportación tiene para mí tres aspectos destacables:
• La consideración de la figura del líder como elemento determinante,

- La necesidad de destruir modelos antiguos antes de construir modelos nuevos,
- El reconocimiento de la dificultad del cambio debido a las fuerzas reactivas

En este punto, el modelo planteado juega con el equilibrio entre la coerción (dirigida a evitar la subsistencia de la cultura antigua) y el estímulo positivo (para lograr implantar el nuevo sistema).

Este equilibrio es secuencial: primero se destruye lo antiguo y luego se incentiva la instalación de lo nuevo. En este sentido Lewin habla de tres fases:

1. Fase de descongelamiento: romper la fuerza de lo que hay
2. Fase de cambio: dirigirse hacia lo nuevo
3. Fase de nueva congelación: hacer tan fuerte lo nuevo como fue lo viejo

La metáfora integrada en la denominación de las fases me parece magnífica: el hielo que conserva lo viejo se derrite para permitir que el agua, al hacerse fluido, circule hacia lo nuevo y una vez allí vuelva a congelarse para evitar retroceder.

EL MODELO DE ALBRECHT

Karl Albrecht es conocido principalmente por sus trabajos sobre el cliente interno y la inteligencia social y la inteligencia práctica. A partir del modelo de Lewin, Albrecht desarrolla algunas aportaciones entre las que es especialmente ilustrativa la conocida como Teoría J.

Lo que Albrecht viene a señalar es que el proceso no es un camino ascendente de origen a fin, es decir, no hay una mejora continua apreciable desde el primer día. Muy al contrario, lo habitual es que durante los primeros momentos el cambio no solo no produzca mejoras sino que dé lugar a un empeoramiento de la situación.

Esta identificación supone un aporte interesantísimo a la hora de evaluar, pero especialmente a la hora de planificar. Esto supone que los individuos y las organizaciones han de ser sumamente conscientes de su nivel de resistencia antes de acometer cambios.

De manera metafórica, lo que esta teoría viene a decir es que salir de Egipto hacia la tierra prometida exige atravesar el desierto. Si no estamos bien aprovisionados de agua no llegaremos a ningún sitio porque nos moriremos de sed y el destino solo será una ilusión.

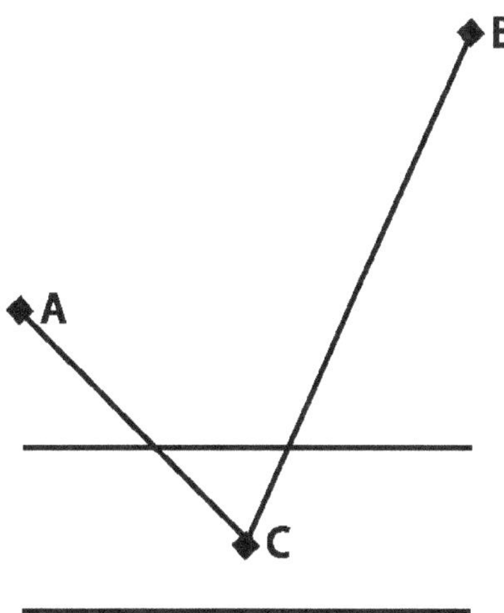

Gráfico 1. Partiendo de una situación dada, en vez de llegar directamente a una nueva situación deseada (por lo que de mejora supone), el camino atraviesa por un escenario notablemente peor que del que se partía.

De manera nada metafórica, como acompañante profesional he presenciado en al menos dos ocasiones situaciones de extremo riesgo de supervivencia para empresas que calcularon mal sus niveles de resistencia. En ambos casos, la línea roja que se estaba traspasando era financiera. Se había sobreestimado la resistencia a la caída de las ventas durante la transformación, y cuando el flujo de caja descendió mucho más de lo esperado debido al descenso de las ventas, hubo que recomponer toda la financiación del proyecto con grandes dificultades.

Es interesante observar también que esta trayectoria J, no solo tiene que ver con lo objetivo (resultados cuantificables), sino también con lo subjetivo, en tanto en cuanto la resistencia emocional de los sujetos que se encuentran dentro del proceso tiene sus límites, y en muchos casos estos no se encuentran bien definidos. Es muy frecuente que ni siquiera hayan sido advertidos de este discurrir inicial descendente, por lo que el desánimo y la desconfianza sobre la utilidad de cambiar pueden aparecer con mucha fuerza hasta bloquear el cambio.

Además, a nivel objetivo puede preverse cuánto se va a empeorar en términos de capacidad de producción, ventas, stocks, etc. Pero a nivel subjetivo ¿puede preverse, por ejemplo, cómo afectan los cambios a nuestra imagen de marca? No parece fácil a priori medir la resistencia de nuestros clientes. Retomaremos este tema más adelante al hablar de planificación.

EL MODELO DE KOTTER

John Kotter es un reputado autor norteamericano en temas de gerencia y liderazgo asociados al cambio organizacional. De sus trabajos destaca el entendimiento del liderazgo como proceso de transformación dentro de las organizaciones. Su modelo del cambio está muy extendido y su libro *Liderando el cambio,* escrito en 1997, se ha convertido en un clásico.

Kotter considera que los distintos tipos de cambio descritos en la literatura gerencial (desde la reingeniería al cambio cultural, pasando por otros muchos nombres) tienen como base común el reconocimiento de una serie de fases por las que debe atravesar el proceso de cambio.

Asimismo, reconoce que los cambios requieren tiempo y que el éxito final depende de una gestión eficaz.

El modelo propuesto contempla ocho pasos:

1. Establecer sentido de urgencia
2. Formar una coalición para liderar el esfuerzo del cambio
3. Desarrollar una visión para ayudar a dirigir el cambio
4. Comunicar la visión y las estrategias corporativas
5. Facultar a los demás para actuar sobre la visión de la organización
6. Asegurar los resultados a corto plazo
7. Consolidar las mejoras y seguir profundizando en los cambios
8. Institucionalizar los nuevos métodos

Especialmente interesante es su visión sobre el liderazgo compartido. Al afirmar que el liderazgo ya no puede ser ejercido por una sola persona, debido a la complejidad misma de las organizaciones y de sus situaciones, está enfocando el trabajo del cambio a algo que trasciende lo mesiánico para exigir un esfuerzo colectivo.

EL MODELO DE ADKAR-PROSCI

Fundada en 1994, PROSCI es una empresa estadounidense considerada líder mundial en el ámbito de la gestión del cambio. La metodología que ha desarrollado está basada en la investigación práctica realizada con más de 3.400 organizaciones internacionales.

Sus servicios son utilizados por más de tres cuartas partes de las compañías del *ranking* Fortune 100 (básicamente, las mejores empresas) y la denominada «metodología PROSCI» se ha convertido en uno de los métodos más utilizados para la gestión del cambio tanto en el ámbito privado como en el público.

El modelo de cambio se denomina ADKAR y es una marca registrada. El nombre responde a las iniciales en inglés de las cinco fases por las que pasa el proceso de cambio:

Awareness	Conciencia
Desire	Deseo
Knowledge	Conocimiento
Ability	Habilidad
Reinforcement	Refuerzo

Tabla 2. El modelo ADKAR.

En la «propuesta PROSCI» destaca la combinación entre motivación y capacitación. En su planteamiento subyace la idea fundamental del «cambio querido» frente al «cambio obligado». De hecho, la fase primera está claramente orientada hacia la aceptación del cambio como soporte para desearlo (segunda fase). En síntesis reconoce que para cambiar hay que querer y poder, por este orden.

Este reconocimiento entronca directamente con la identificación del cambio como oportunidad, que veremos a continuación, y conecta con los desarrollos de la inteligencia emocional y la psicología positiva.

Si efectuamos una comparación entre el planteamiento de PROSCI y los modelos propuestos por Lewin y Kotter encontramos importantes puntos de conexión.

Con Lewin existe una coincidencia clara en lo referente a la necesidad de consolidación («recongelamiento» y refuerzo) y Kotter coincide en la necesidad de la generación de motivación y capacitación.

MI PROPUESTA PERSONAL SOBRE EL PROCESO

1. El cambio es un proceso con fases diferenciadas
2. Para que el proceso arranque, lo primero es eliminar todo lo que existe antes de implementar lo nuevo
3. La motivación de las personas que deben cambiar es imprescindible para transformar una organización obligada a cambiar en otra que desea cambiar
4. La capacitación del equipo es la garantía de que el cambio se ejecute con eficacia
5. El liderazgo del cambio debe ser compartido
6. El proceso será complicado y largo y provocará retrocesos en la eficacia de las tareas al principio
7. Debe consolidarse cada uno de los logros que se alcancen. Si se reduce la presión, la gente volverá a su viejo comportamiento, así que es conveniente recompensar el logro mientras no haya recaída

En resumen, podría señalarse que el cambio es un proceso que atraviesa distintas fases, que se inicia eliminando lo antiguo y termina consolidando a lo nuevo, y que exige de motivación positiva, adquisición de habilidades por parte del equipo y un liderazgo proactivo y compartido que con tiempo suficiente supere las fuerzas que de manera natural persiguen que las cosas sigan como siempre.

UN PROCESO EMOCIONAL

Que el cambio es un proceso que se desarrolla en distintas fases es algo en lo que todo el mundo parece que está de acuerdo. Lo que es más discutible es si todo el mundo considera el factor emocional que hay dentro de ese proceso.

Personalmente, creo que en el desarrollo teórico de los modelos se está obviando algo que en la práctica domina cualquier proceso de cambio: la emocionalidad. Al menos esa es mi experiencia y sinceramente me cuesta trabajo pensar que no sea la del resto de personas que trabajan en la gestión del cambio. Para mí lo correcto es decir que el cambio es un proceso «emocional» y que este factor emocional es determinante porque las emociones son un factor clave del cambio, hasta el punto de que deberían estar contempladas siempre como uno de los componentes a trabajar en el proceso.

No puede hablarse de gestión del cambio a espaldas de la inteligencia emocional. Por el contrario, la gestión emocional está en la base de una gestión eficaz del cambio. En las organizaciones también está presente el factor emocional porque, aunque una organización no es sujeto de emociones, los individuos que la constituyen sí lo son, y de manera inevitable se crea un clima emocional que deviene en estados de ánimo colectivos altamente contagiosos.

Sin gestión emocional no hay transformación que prospere en el tiempo, porque algunas de las emociones básicas del ser humano como son el miedo, el enfado y la tristeza en forma de nostalgia, dominarán todo el proceso si no son trabajadas. Las tres empujan en la misma dirección: no cambiar.

El miedo, como veremos más adelante, genera una resistencia, tanto activa (impedir) como pasiva (bloqueo), mientras que el enfado es eminentemente activo (muestra todo lo malo del cambio), y la tristeza eminentemente pasiva (abatimiento en forma de recuerdo de qué bonito fue el pasado).

Es importante por tanto entender que es necesario reconvertir las emociones de pérdida en emociones positivas asociadas al logro. Afortunadamente el desarrollo de los trabajos relativos a la inteligencia emocional y, más recientemente a la psicología positiva, está generando recursos de diferentes tipos para posibilitar este tipo de trabajo.

Desde este punto de vista, deberíamos entender que cuando hablamos de motivar a las personas para que cambien estamos dando por sentado que primero hay que conectar con su emocionalidad y transformarla, y que cuando hablamos de capacitar a los equipos estamos pensando en dotarlos de habilidades de gestión emocional.

Dada la importancia de este tema se retomará con más detenimiento en la tercera parte del libro cuando se hable de lo que nos ayuda a cambiar.

Ahora bien, ¿en qué fase del proceso hay que trabajar las emociones? Mi respuesta es en todas, aunque especialmente en las primeras.

Personalmente, me he acostumbrado a trabajar con un modelo sencillo que resulta muy operativo en empresas pequeñas. Este modelo trabaja linealmente tres objetivos-bloques y atraviesa seis fases:

1. Aceptar donde estamos
2. Definir un plan del cambio
3. Ejecutarlo

Cada uno de los bloques se divide en dos fases. El primer bloque es eminentemente emocional, el segundo debe ser esencialmente racional y en el tercero lo que prima es la ejecutividad.

1. Identificación
2. Aceptación
3. Alternativas
4. Decisión
5. Ejecución
6. Seguimiento

En cualquier caso, durante todo el proceso las emociones van a estar presentes. Al principio son tan potentes y están tan escondidas que dificultan el avance, mientras que en el segundo bloque se encontrarán en pleno debate intelectual, mientras que en el tercero, con el camino ya trazado, no son tan paralizantes.

Asimismo es cierto que la linealidad no es perfecta y que se producen retrocesos emocionales, y también que, desafortunadamente, el plan debe ser revisado cuando cambian las circunstancias externas o se han cometido errores de estimación en el proceso de planificación, y estas revisiones suponen un coste emocional añadido.

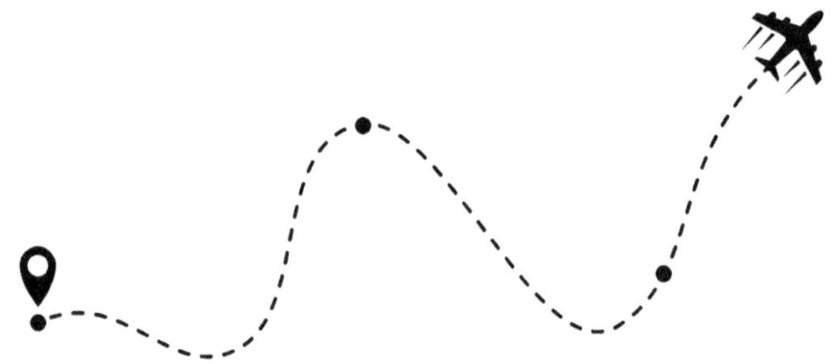

6. GESTIONAR EL CAMBIO EN NUESTRO BENEFICIO

Toda la naturaleza está sometida a cambios. El hombre se encuentra de manera continua con alteraciones biológicas, sociológicas y económicas que transforman inevitablemente su posición en el mundo. Está sometido a transformaciones derivadas de situaciones vitales: el propio tránsito de la edad desde la infancia a la vejez, las alteraciones del entorno afectivo por muertes y separaciones, la pérdida de poder económico... Para el ser humano, adaptarse a las nuevas circunstancias es en gran parte una necesidad vital, en tanto en cuanto afecta a su supervivencia y calidad de vida.

En este sentido, si nos enfrentamos al cambio desde una perspectiva individual podemos encontrar tres niveles o tres clases de cambio:

Un primer nivel, fácilmente identificable, es el que se mueve en el terreno de lo físico. Referido a la naturaleza, se identifica claramente de modo cíclico (en las estaciones meteorológicas por ejemplo...) y de modo lineal (en el proceso de la vida, desde el nacimiento, crecimiento, envejecimiento y muerte). En el plano humano también son observables los cambios cíclicos (estados anímicos, salud, enfermedad...) y lineales (corporales y mentales). En este sentido, la motivación y las aspiraciones del hombre cambian normalmente por el mero paso del tiempo. Este cambio tiene una característica fundamental: la inevitabilidad, y la respuesta, condicionada y automática, a esta situación podemos denominarla adaptación. Llevado al *continium* generacional encontraríamos la explicación a este cambio-adaptación en la teoría de Darwin.

En este sentido podríamos hablar hasta de una programación genética para la gestión de estos cambios e incluso de un aprendizaje cultural inherente al ser social respecto a la comprensión y adaptación del cambio que se produce (por ejemplo, en el envejecimiento).

Un segundo nivel —el más importante para el ser humano en cuanto tal— hace referencia a un cambio existencial. En los casos en los que tiene lugar, es el cambio con mayúsculas, podríamos decir. Es el que acontece a nivel interior en las personas. Puede ser el resultado de una evolución progresiva o producirse por un acto de revelación (enfermedad, trauma...), del modo por ejemplo a cómo se refiere a él la psicología transpersonal. Ese cambio tiene que ver con nuestra comprensión de nosotros mismos, del mundo y nuestra relación con él. Para algunas personas es el fruto de la maduración personal, para otras no se produce nunca (no cambio, sino resabio). En otras muchas ocasiones es el resultado de la pregunta sobre quiénes somos.

Este nivel de cambio no se mueve en los terrenos de la mente sino más bien en los del corazón. En palabras de Antonio Galindo, circula con «la corriente del corazón». No pide planes, ni previsiones, ni números, y se refiere principalmente al mundo espiritual. Condiciona un nuevo «estar» y normalmente un nuevo «hacer» (si no totalmente diferente en el qué, sí en el cómo), pero no se «gestiona» racionalmente, no exige ordenación ni planificación.

El tercer nivel es el que se refiere al objeto de la disciplina que da sentido a este trabajo. Tiene que ver con el cambio al que se enfrentan los individuos y las organizaciones cuando conscientemente deciden transformar su posición en el mundo para conseguir otras cosas, o las mismas de un modo diferente. La causa, qué empuja esta transformación, no es relevante (normalmente más necesidad que deseo). Lo característico de este nivel es que, al contrario que el cambio, inevitable (físico), o el cambio interno, no gestionable, este cambio no solo admite gestión, sino que según el terreno en el que se produzca podemos afirmar incluso que exige gestión para que el fin perseguido pueda ser alcanzado.

Aquí cobra sentido y encuentra lugar trabajar en la comprensión de cómo opera un cambio, qué factores deben ser tenidos en cuenta cuando se decide pasar de A a B, cuáles suelen ser los enemigos del cambio (los obstáculos del proceso) y cuáles son las herramientas que deben/pueden utilizarse para la gestión.

CAMBIO: ACEPTACIÓN, ESTRATEGIA Y GESTIÓN

En el tercer nivel, el cambio cobra su dimensión de proceso y, como tal proceso, en él pueden distinguirse tres pasos esenciales: primero, el reconocimiento de la necesidad/conveniencia de cambiar; segundo la definición de una meta y un rumbo; y en tercer lugar, la gestión del desplazamiento.

En primer lugar, el reconocimiento de la necesidad de realizar un cambio es ante todo un triunfo personal, y esa aceptación forma parte en esencia de nuestra dimensión emocional. En cierta medida es un terreno más propio de la psicología que de otras disciplinas, porque, siendo para muchos evidente la necesidad, parecería que la aceptación debería ser automática, cuando en realidad esto no es así debido a factores de la condición humana que poco tienen que ver con el pensamiento racional.

Producida la aceptación llega, en segundo lugar, la definición del nuevo punto o estadio al que se desea ir, y esa elección forma parte principalmente del ámbito racional y se construye como una decisión de responsabilidad.

En las organizaciones, este es el terreno natural de la dirección y la consultoría estratégica, y en él se aúna la experiencia con la capacidad de análisis y proyección a futuro de los hechos presentes.

Por último, en tercer lugar, aparece la capacidad de desplazarse del punto actual al nuevo lugar elegido, que forma parte de lo ejecutivo, que a su vez tiene que ver con la habilidad y la disciplina, y que es un acto de gestión profesional.

Ni el cambio depende de la suerte, ni la solución está en los demás. La clave está en la habilidad. Cambios muy poderosos se han efectuado en condiciones muy adversas, mientras que otros aparentemente sencillos han fracasado en un entorno potenciador que los facilitaba.

Detrás de aquellos proyectos, tanto vitales como empresariales que no alcanzaron su meta, se encuentra una falta de habilidad para recorrer el camino. ¿Cómo podría haber sido el final de numerosas historias si hubiésemos tenido herramientas para recorrer ese camino o si hubiésemos contado con personas que nos hubiesen orientado respecto a sus dificultades y el modo de superarlas?

Aceptando que las circunstancias, más o menos favorables, influyen, no podemos obviar que el recorrido del cambio es en última instancia un acto de gestión. Parece entonces evidente postular la necesidad del desarrollo de habilidades que contribuyan a afrontar el cambio de una manera constructiva y que favorezcan la adaptación saludable y el éxito, entendido este como la capacidad de alcanzar la meta que se desea.

Puede observarse fácilmente que, por mucha aceptación e inteligente que sea la elección del destino, quienes no estén preparados para gestionar un cambio en realidad no estarán preparados para cambiar. Es decir, que una cosa es elegir el destino y otra diferente recorrer el camino.

Es precisamente la falta de habilidad para gestionar los cambios lo que bloquea numerosos proyectos e impide a personas y organizaciones alcanzar sus objetivos. La realidad es que por muy buenos que sean los propósitos y muy adecuadas que sean las decisiones estratégicas, sin una gestión eficaz, el cambio, entendido como el paso de un punto a otro, no se producirá y el objetivo marcado no se alcanzará.

LA GESTIÓN DEL CAMBIO, ¿CÓMO Y CUÁNDO?

Como hemos visto, una vez elegido el destino es en el camino a recorrer donde precisamente cobra sentido hablar de gestión del cambio.

Podemos definir la gestión del cambio como la intervención activa que se realiza en procesos de transformación para conseguir llegar de la manera más adecuada al nuevo estado deseado.

En este mismo sentido, PROSCI define gestión del cambio así: «La gestión del cambio es la aplicación de un proceso estructurado y un conjunto de herramientas de liderar el cambio en la gente para lograr un resultado deseado».

Esta empresa consultora, líder mundial en esta disciplina, resalta el componente humano del cambio y dirige el liderazgo en todos los niveles de una organización, desde la alta dirección a los trabajadores de base, pasando por los ejecutivos-gestores. Afirma también que cuando la gestión del cambio se hace bien, la gente se siente comprometida en el proceso y trabaja colectivamente hacia un objetivo común, la obtención de beneficios y la mejora de resultados.

Desde el punto de vista social y empresarial, la gestión del cambio ha sido una preocupación manifiesta desde el siglo pasado, y hoy en cierto modo podría decirse que se ha convertido en una disciplina en el terreno de la gestión empresarial.

De hecho, a partir de las primeras aportaciones realizadas desde la psicología al estudio de este tema, la doctrina del *management* norteamericano se ha llenado de propuestas de liderazgo y dirección basadas en la gestión del cambio. Si revisa la publicación de libros sobre este tema encontrará un número significativo de títulos en los últimos años, tanto en el terreno de la psicología (y la autoayuda) como en el de la gestión empresarial.

Además, en esta misma dirección, el imparable desarrollo del *coaching* en el ámbito ejecutivo ha venido a reforzar la utilidad de enfrentar los cambios de una manera sistematizada.

En la tercera parte del libro se realiza un análisis más detenido sobre el *coaching*, pero ya le anticipo su indiscutible utilidad para gestionar cambios. Me atrevo a hablar con esta rotundidad apoyándome, no solo en mi experiencia personal, sino en la observación de su eficacia en numerosos casos cercanos. Por otra parte, la gran extensión de la formación sobre esta materia a nivel internacional es un hecho objetivo, y esto es también extensible a la aplicación directa y sistemática del *coaching* en empresas líderes de todo tipo de sectores con el fin de facilitar el crecimiento profesional de sus trabajadores.

Todo esto explica por qué las principales empresas, entidades gubernamentales, instituciones y organizaciones no lucrativas están adoptando la gestión del cambio como una competencia organizacional, viéndolo como una ventaja competitiva en nuestro siempre cambiante mundo de los negocios. Posiblemente sea la inversión en formación más rentable en todos aquellos casos en los que los modelos históricos están dejando de funcionar.

Por otra parte, es cierto que hay cierta tendencia a pensar que la gestión del cambio es algo reservado a grandes organizaciones, pero no es así. Trabajar en ello se ha convertido en nuestros días en un paso previo e imprescindible del proceso de supervivencia de muchas empresas medianas y pequeñas, así como de los profesionales independientes.

La corriente tradicional de la gestión del cambio ha puesto casi todo el énfasis del estudio en el aspecto laboral de los empleados. Es lógico; el trabajador, según su nivel laboral, preside el cambio, lo dirige y lo «soporta». No puede hablarse de gestión del cambio sin referirse a las personas que van a protagonizarlo. En definitiva, el hombre lo es todo, no solo para el cambio, sino para cualquier aspecto la gestión empresarial.

Sin embargo, no deben caer en olvido otros aspectos básicos que condicionan el éxito en la gestión, como la planificación, la toma de decisiones o la comunicación. Centrarse en el hombre como ser racional, obviando su dimensión emocional, preocupándose casi exclusivamente de construir sistemas para conseguir que los demás hagan lo que se considera necesario para que el cambio se lleve a cabo, es un error. A este respecto, sigue pareciéndome llamativa la denominación anglosajona de «objetivos» para referirse a los trabajadores a los que les afectan los cambios.

Mi propuesta, por el contrario, plantea dos principios básicos para la gestión del cambio:
- El cambio debe gestionarse de modo integral
- El factor fundamental es el emocional, tanto a nivel individual como a nivel social, abogando expresamente por una revolución contracultural que lleve la inteligencia emocional al corazón de las organizaciones y construya modelos donde el cambio, no solo no sea lo excepcional sino que sea lo normal

Este enfoque debe nutrirse tanto de las aportaciones de la psicología como de las ciencias económicas. De ambas surgen el entendimiento y la utilidad de la gestión del cambio.

Si solo nos limitamos a hablar de cambiar estaremos reduciendo el cambio al ámbito del deseo o, en el mejor de los casos, al de la voluntad. Lo trascendente para el cambio no es esa voluntad de cambio, ni siquiera el destino del nuevo punto al que nos dirige el cambio. Lo importante de cambiar, lo difícil en última instancia, es ejecutar el cambio. Eso es lo que requiere habilidad.

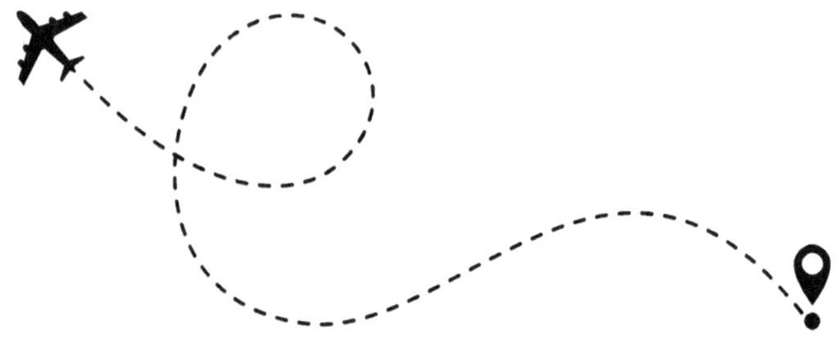

7. CAMBIO Y VOLUNTAD

¿**P**odemos cambiar en contra de nuestra voluntad? Formalmente puede ser que sí, pero en el fondo no es posible. El cambio es un proceso voluntario: si no se desea cambiar no se cambiará. En el origen del cambio puede haber una causa externa (lo más frecuente) o un deseo interno, que también se explicará, las más de las veces, por un sentimiento de malestar que nos empuja a movernos y cambiar. En este sentido se puede decir que cambiamos porque algo nos empuja a cambiar. Pero en última instancia, sea cual sea el motivo o la causa que nos lleva a cambiar, el proceso de cambio debe ser voluntario o no será.

Porque este proceso es un camino difícil en el que hay que superar resistencias poderosas que empujan para que nos quedemos donde estamos, de manera que, si no contamos con una determinación clara de cambiar, las resistencias tumbarán el intento.

A priori, cuando se produce un cambio, existen tres grandes posibilidades:

- Aceptar el cambio con ilusión por los resultados esperados
- Aceptar el cambio con escepticismo o, al menos con dudas respecto a su utilidad
- Rechazar el cambio y establecer una oposición, abierta o no, al mismo

Salvo en el primer caso, el cambio no contará con un apoyo voluntario, resultado de una motivación positiva a favor del mismo, lo cual será un hándicap importante que será necesario superar.

En el porqué de una u otra postura se encuentra un juicio, una opinión sobre lo que el cambio supone para uno mismo. Ante la oportunidad de un cambio, cada uno de nosotros reaccionará a priori desde una pasividad que solo podrá ser sustituida por actividad si la evaluación de lo que supone cambiar arroja un saldo positivo. En ese caso se considerará que el esfuerzo del cambio aparece compensado por la expectativa de resultado. Si el saldo es negativo sucederá justo lo contrario, y la actividad que se despliegue —si es que despliega alguna—, será para no moverse.

Es decir, que ante un escenario de cambio solo apoyaremos de manera activa su implantación si en nuestra opinión ese cambio nos empuja a un escenario nuevo que consideramos mejor que aquel en el que estábamos antes de cambiar.

¿Cómo elaboramos esos juicios de interés? Podemos simplificar señalando que, con carácter general, aparece un «no» al cambio que solo se ve alterado si existe una razón contundente que nos empuja hacia el «sí». Para ello es necesario trabajar sobre las motivaciones que se encuentran detrás de cada una de las posturas y expectativas sobre el resultado.

MOTIVACIONES

Para la psicología, una motivación es todo aquel estímulo emocional que nos lleva a actuar de alguna forma. Detallando un poco más el tema, encontramos la clasificación básica de David McClelland, que distingue tres grandes tipos de motivaciones:

1. *Motivación de afiliación:* entroncada en los instintos más primitivos del ser humano, aparece vinculada a todas las situaciones en que la fuerza impulsora tiene que ver con pertenencia a un grupo. Es una motivación de alto contenido social.

2. *Motivación de logro:* los objetivos se persiguen por el mero hecho de conseguirlos, quedando lo demás en un segundo plano. Es una motivación muy individualista, aunque puede ser compartida en caso de logros comunes de varias personas, y tiene mucho que ver con el crecimiento y el desarrollo personal.

3. *Motivación de poder:* muy relacionada con el miedo y la supervivencia pero también con el deseo de influir en el entorno encontrando satisfacción en un sentimiento (sentirse poderoso) o en una capacidad potencial de dirigir el mundo en nuestra dirección preferida.

Si observamos estos tres tipos de motivaciones en relación con el cambio, podremos entender cómo en algunos casos las personas quieren cambiar por no separarse del grupo o por entrar en otro (fuerza aspiracional), por la atracción del reto que supone cambiar o por situarse en una posición de mayor poder que aquella desde la que se partía.

EXPECTATIVAS

Por otra parte, la expectativa es la posibilidad razonable de que algo suceda.

Victor Vroom elaboró una teoría vinculando motivación y expectativas que ha tenido una acogida significativa en el mundo de la empresa. Afirma que la fuerza de una tendencia a actuar de determinada forma depende de la fuerza de la expectativa de que el acto esté seguido por un resultado determinado y de lo atractivo que sea ese resultado para el individuo.

Siguiendo este mismo planteamiento, el individuo aceptará un proyecto de cambio en la medida en que piense que los actos que se encuentren bajo su control producirán el resultado esperado.

Es decir que, de modo conjunto, combinando los conceptos de motivación y expectativa, las personas adoptarán una postura favorable al cambio cuando evalúen de manera positiva el nuevo estadio que van a alcanzar tras él y cuando consideren que el esfuerzo realizado les producirá el resultado buscado. En caso contrario, la postura será desfavorable y no se generarán actitudes de apoyo.

Esta evaluación, este juicio, se verá condicionado individualmente por la tendencia genético-cultural a la resistencia y por el mapa de creencias que cada individuo tiene (que será objeto de un análisis más detallado en la segunda parte del libro), pero en cualquier caso es determinante en la actitud proactiva o reactiva del individuo hacia el cambio.

ACTITUD ANTE EL CAMBIO

Aceptar voluntariamente el cambio favorece la aparición de una actitud proactiva mientras que en caso contrario lo más probable es que la actitud ante el cambio sea reactiva.

Técnicamente, la proactividad es un término acuñado por Victor Frankl, psiquiatra austriaco quien, al final de la Segunda Guerra Mundial, habiendo sobrevivido al internamiento en campos de concentración, publicó una obra, *El hombre en busca de sentido*, llamada a convertirse en un referente de la psicología durante décadas. El término se popularizó al principio de este siglo, siendo señalado como una de las piezas de la efectividad por Covey en el *bestseller Los siete hábitos de las personas altamente efectivas.*

La proactividad es un tipo de actitud caracterizada por la libertad de acción. El individuo proactivo asume la responsabilidad de sus actos propios, que dirige, libre y conscientemente, a la consecución de objetivos. La persona proactiva decide qué quiere hacer y cómo lo quiere hacer, tomando iniciativas más allá de las circunstancias, que quedan en un segundo plano. Lo importante son los valores y se actúa en base a ellos sobre la zona real de influencia.

Por el contrario, la actitud reactiva se caracteriza por un sometimiento a las circunstancias y el contexto en el que el individuo se mueve, sin reconocerse libertad para actuar más allá de lo que sucede, sobre lo cual no hay ningún tipo de control. El individuo reactivo no hace, sino que deja que otros hagan.

Resulta evidente la importancia de adoptar una u otra postura en situaciones de cambio. El individuo proactivo parte con una ventaja competitiva fundamental frente al individuo reactivo y eso le permite gestionar el cambio en su propio beneficio. El reactivo verá su futuro condicionado solo por agentes externos, y no solo no podrá cambiar, sino que el escenario del cambio se impondrá sobre él.

En la gestión de cambios colectivos será por tanto determinante saber si se cuenta con colaboradores proactivos o reactivos, aunque esto no es tan fácil de identificar como podría parecer, ya que hay que analizar su discurso y también, especialmente, sus actuaciones.

Tal y como se ve en el cuadro siguiente, podemos clasificar a las personas en cuatro categorías combinando la observación de lo que hacen y lo que dicen.

La primera categoría, según el orden de favorecimiento del cambio, estaría compuesta por aquellas personas que elaboran un discurso a favor del cambio que acompañan con actitudes que lo apoyan. Son los individuos señalados en el cuadro bajo la denominación «SÍ-SÍ».

La segunda categoría estaría integrada por las personas que, a pesar de tener un discurso negativo ante el cambio que expresa un reconocimiento claro de su falta de deseo del cambio, realizan y acompañan con sus acciones el proceso de mismo. Es un tipo de colaborador leal que vive el cambio con sufrimiento pero que se somete al mismo no oponiéndose con su conducta a su desarrollo. Son individuos básicamente reactivos pero en situación de poder pasar a una posición proactiva con apoyo del grupo y ayuda personal. Son los individuos señalados con la denominación «NO-SÍ».

La tercera categoría estaría integrada por las personas que, además de tener un discurso negativo ante el cambio, expresado igual que en el caso anterior mediante un reconocimiento claro de su falta de deseo de cambiar, no realizan ninguna acción favorable al mismo. Es un tipo de colaborador que se opone rotundamente al cambio dejando clara su postura y del que no se puede esperar colaboración alguna. Son los señalados con la denominación «NO-NO».

Y finalmente la cuarta categoría estaría compuesta por aquellas personas que no se atreven a manifestar una oposición clara al cambio, en el que ni creen, ni desean que se produzca, pero cuyas actuaciones van dirigidas a frenarlo, incumpliendo sus compromisos de colaboración e incluso dificultando el cumplimiento de otras tareas vinculadas al proceso a cargo de otros colaboradores. Son un auténtico peligro para el proceso general y deben ser desenmascarados cuanto antes. Aparecen señalados con la denominación «SÍ-NO», aunque a mí me gusta denominarlos los «sísí», porque dicen que sí continuamente a todo, aunque a la hora de la verdad no hagan nada.

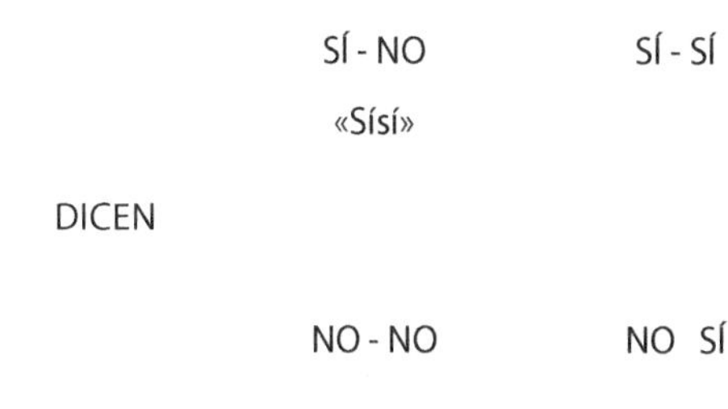

Table 3. Actitudes ante el cambio

En los cambios organizacionales, el éxito dependerá en gran medida de la identificación adecuada de las posturas de estos colaboradores y de la eliminación de los «sísí».

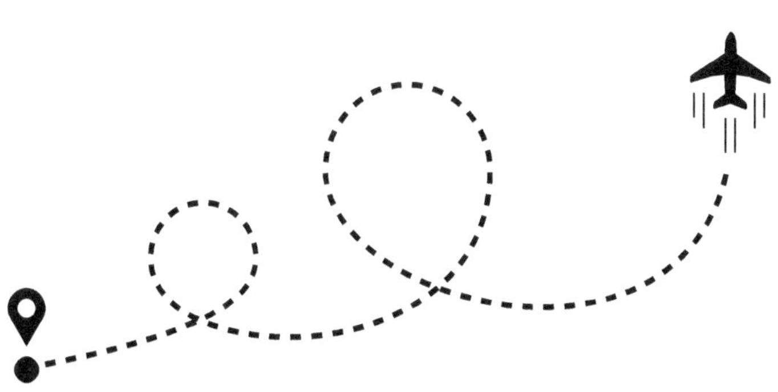

SEGUNDA PARTE
LAS DIFICULTADES DEL CAMBIO

«La vida solo puede ser comprendida mirando hacia atrás, pero ha de ser vivida mirando hacia adelante».

Soren Kierkegard

1. ¿QUÉ NOS IMPIDE CAMBIAR?

Dice Richard Gerver que el cambio forma parte de nuestra vida, pero que en algún momento de ella, posiblemente al final de la infancia, deja de ser algo natural e interno y se transforma en algo externo y forzado. A partir de ese momento el cambio provoca habitualmente una desestabilización a la que casi siempre nos resistimos.

El problema de las resistencias puede que sea el principal protagonista de la mayor parte de los procesos de cambio y es sin duda uno de los aspectos que mejor deben ser gestionados si se desea alcanzar el objetivo perseguido al cambiar.

Estas resistencias, de un modo esquemático, pueden ser agrupadas en tres niveles.

En el nivel más profundo hay una resistencia de origen animal que nos empuja a no gastar energía salvo que no haya más remedio. Es un mecanismo de supervivencia que proviene de la época en la que la acumulación de energía era laboriosa y el gasto de la misma tenía que estar muy motivado. Es decir, en cierto sentido, en origen, la resistencia es un impulso natural de raíz biológica. Así lo han demostrado varias investigaciones que se han ocupado del funcionamiento del cerebro y las creencias, identificando cómo el cerebro funciona principalmente bajo el principio de conservación de lo antiguo antes que desde la apertura a lo nuevo. El conjunto de creencias previamente aceptadas tienen tendencia a ser retenidas, por cuanto genera más trabajo aceptar lo nuevo que preservar lo viejo. Somos conservadores por naturaleza.

Inmediatamente por encima de ese nivel se encuentran las resistencias emocionales, que también tienen un origen profundamente arraigado en lo más primitivo de nosotros, en nuestro cerebro límbico diría McClelland.

Las emociones nos aportan una información muy relevante para nuestra supervivencia como individuos y como especie. Es decir, nos ayudan a seguir vivos y a reproducirnos. En este nivel, la incertidumbre que conlleva el cambio, si no se tiene conciencia de la existencia de un gran peligro inmediato que lo justifique, generará tres emociones muy fuertes que intentarán frenarlo: la tristeza, el enfado, y fundamentalmente el miedo. Sí, cambiar provoca miedo.

Y finalmente aparecerán las resistencias que podemos llamar racionales y que, procesadas por nuestra mente, pueden dictar sentencias equivocadas acerca de la conveniencia del cambio. A nivel racional se elaboran unas estructuras, normalmente defectuosas y siempre muy discutibles, pero que para nosotros actúan como verdades absolutas. Estas estructuras se denominan creencias.

Pero, tal y como demostró Damasio, emociones y razón interactúan con el cuerpo configurando una actuación única. Esto significa que en gran medida nuestras aparentes objeciones racionales al cambio tienen un gran componente emocional, también básicamente de miedo. La unión de creencias y emociones conforma un frente muy fuerte de resistencia que intentará evitar el cambio.

RESISTENCIAS EN EL INDIVIDUO Y EN LAS ORGANIZACIONES

A nivel individual, la aparición de resistencias ante el propio cambio es una contradicción natural entre, por un lado, el deseo, y por el otro el miedo y la pereza, entre el reconocimiento de la conveniencia del cambio y el temor a equivocarnos junto a las insuficientes ganas de abordar un proceso que se nos antoja difícil y de cuyos resultados dudamos en ocasiones.

Esta contradicción no es una anomalía. Por el contrario, es una expresión evidente de la condición del ser humano en la que estas paradojas son naturales. Así lo han señalado distintos investigadores a lo largo de los últimos años, demostrando que el hombre alberga diferentes dualidades con las que convive en un extraño equilibrio-desequilibrio de fuerzas opuestas.

El temor a equivocarnos arraiga en cada uno de nosotros de manera distinta según nuestra genética y nuestra educación, pero en cualquier caso existe en cada ser humano. La duda es condición inevitable de la existencia y ante situaciones que plantean escenarios muy inciertos —o al menos desconocidos hasta el momento—, las personas dudan inevitablemente por temor a tomar la decisión equivocada. Pero al final la decisión es inevitable: o cambiamos o no, porque no cambiar también es una decisión cuando uno se ha planteado la posibilidad de hacerlo. Lo decía con rotundidad Jean Paul Sartre: estamos condenados a decidir. La decisión es, en sí misma y simultáneamente, un privilegio y una obligación. Más adelante se profundizará en el tema del miedo como emoción bloqueante.

Respecto a la pereza de cambiar, nuestra programación animal, orientada al ahorro de energía, actúa de manera automática cuando el gasto energético que supone una acción no está muy claro. Una acción de cambio suele requerir un esfuerzo importante y por tanto es muy susceptible de ser cuestionada desde el punto de vista de la conveniencia de destinar tanta energía en esa dirección.

Pero es que, además, incluso cuando la aceptación del cambio se ha producido, durante el proceso de cambiar la desidia y la pereza se van a oponer al plan previsto.

Esta paradoja ha sido puesta de manifiesto por Richard Thaler, Premio Nobel de Economía 2017, retomando observaciones que ya se habían realizado desde principios del siglo XX. Señala que nuestras pasiones, miopes y cortoplacistas, no actúan conforme a lo que se espera de espectadores imparciales: el placer de hoy nos interesa mucho más que el placer de aquí a diez años. Para tomar adecuadas «elecciones inter-temporales» es necesaria la «fuerza de voluntad». A. Pigau lo expresaba con claridad en 1920: «nuestra visión telescópica es defectuosa y vemos los placeres futuros a escala reducida».

Lo que estamos viendo es que la paradoja produce problemas de autocontrol. Es decir, la resistencia, aparentemente derrotada en el plano racional en lo que se refiere a la conveniencia del esfuerzo, queda escondida esperando su oportunidad para aparecer poniendo en solfa nuestra capacidad de autocontrol.

Walter Mischel desarrolló en 1969 un experimento magnífico, no exento de cierta crueldad, en el que se exponía a niños a un dulce de malvavisco. Si esperaban en soledad ante el malvavisco un ratito sin comérselo serían premiados con otro más. Es decir, un poco de paciencia y en lugar de uno tendrían dos. La tentación era enorme y muchos niños renunciaban a la posibilidad de doblar el premio un poco más adelante a cambio de comerse ya el que tenían delante. El experimento se ha mantenido en el tiempo hasta nuestros días (al menos hasta el 2014, que yo sepa) permitiendo conocer la capacidad de predicción del éxito futuro de los niños en base a su capacidad de autocontrol. Cuanta más capacidad, más éxito. Esta condición no es exclusiva de la etapa infantil. Los adultos tenemos los mismos problemas de autocontrol que tienen los niños del experimento.

Esta idea de autocontrol es paradójica a no ser que asumamos la existencia de dos sistemas independientes dentro de la psique. ¿Por qué aparece la resistencia en forma de desidia si ya hemos decidido hacer algo en dirección al cambio? Thaler, junto a Shefrin, concluye que dentro de nosotros cohabitan dos personalidades: la planificadora, que vive en el futuro y tiene buenas intenciones, y el ejecutor, que vive en el presente y es más débil en el tema de autocontrol. La planificadora vive en el córtex y la ejecutora en el sistema límbico (razón *vs.* emoción).

Los ejecutores son efímeros y egoístas entre sí, mientras que la planificadora es constante y generosa, en tanto en cuanto le preocupa la utilidad de todos los ejecutores, representada por la consecución del objetivo final.

En cualquier caso, la contradicción individual nace y muere dentro de uno mismo y se gestiona a propia conveniencia sin repercusión directa sobre otras personas, y ahí no cabe otra consideración que el respeto a la propia libertad. Si finalmente prevalece el deseo de no cambiar, bienvenido sea siempre que se acepten las repercusiones de no hacerlo. Si se ha decidido cambiar pero existen problemas con las propias resistencias, en la tercera parte de este libro se ofrecen herramientas de gestión para superarlos.

Pero detrás de cualquier proceso de transformación en las organizaciones siempre se encuentra la dimensión individual de quien se va a ver afectado por el cambio. En este caso es imprescindible gestionar adecuadamente este conjunto de resistencias individuales, porque tal y como destaca la consultora PROSCI, la gestión ineficaz de las personas y sus resistencias durante el cambio es la principal razón de que los proyectos de cambio fracasen.

Cuando las resistencias no se gestionan con eficacia, la oposición pasiva se intensifica, al tiempo que aparecen con más fuerza resistencias activas, con la intención de volver a recuperar el sistema antiguo.

La aparición de resistencias al cambio entre los implicados en el mismo es por tanto previsible (y muy probable) y debe ser aceptada como una respuesta natural que no debe ser reprimida. Hay que aceptar que, por muy clara que aparezca la utilidad del cambio en sus promotores, lo más probable y previsible es que aparezcan resistencias en la mayoría de los implicados en el proceso, que dudan de la conveniencia para ellos mismos del cambio que se propone.

Si no aceptamos este hecho arrancaremos mal el camino; pero también estaremos equivocados si, aceptando que van a aparecer resistencias, las «criminalizamos» porque, como hemos visto, la resistencia es un fenómeno normal que surge de la propia naturaleza del individuo, que está «programado» para defender su *status quo* y cuestionar cualquier actuación que rompa su equilibrio.

Sin embargo, no es extraño oír hablar del cambio en las organizaciones como si se tratase de un proceso mecanicista en el que lo importante es identificar «racionalmente» a dónde y cómo se debe ir, imponiendo normas imperativas a cumplir en dirección al nuevo destino.

De hecho, la tendencia tradicional ante las resistencias ha sido, no solo no admitir su existencia, sino ante la más mínima manifestación de las mismas aplicar medidas represoras con tanta fuerza como fuera necesaria. Esta fuerza venía apoyada en un doble pilar: el de la «razón» y el de la «autoridad». Es decir, esto se hace así porque es lo razonable (y el que no lo entienda es tonto) y además porque lo digo yo (que soy el que mando). Un enfoque de la gestión del cambio que se quede ahí es claramente simplista y olvida los factores más importantes de la gestión: quiénes tienen que cambiar y qué actitud presentan ante ese cambio.

Esta actitud ante las resistencias es resultado de una cultura autoritaria y racionalista, muy extendida en nuestra sociedad, y cuyo empleo generalizado es sin duda equivocado. Puede resultar tentadora por su «rapidez» y «simplicidad», pero en muchas ocasiones conduce en el medio plazo al fracaso, o en el mejor de los casos a un rendimiento muy bajo respecto a la potencialidad que el cambio tenía, por lo que debe ser utilizada, en mi opinión, en el menor número de casos posibles y es absolutamente desaconsejable para cuadros directivos (intermedios o superiores) que deban liderar los nuevos procesos que surgen del cambio.

Pero además de ser simplista, este enfoque suele ser ineficaz, porque no solo no es recomendable reprimir las resistencias, sino que suele ser contraproducente. Un clima de marcada represión dificulta la expresión natural de aquellas personas que se resisten a cambiar y una manifestación clara de la oposición al cambio, lo que dificultará su gestión y puede bloquear el proceso. En un capítulo anterior se clasificaban las actitudes en cuatro tipos de comportamiento ante el cambio, siendo el más peligroso aquel que se caracteriza por una expresión falsa a favor del cambio no acompañada sin embargo de acciones favorecedoras del mismo. Esta actitud de los «sísí» no solo no ayuda a cambiar sino que se convierte en una bomba de relojería por cuanto no está prevista.

En ocasiones, por el temor impuesto desde la represión, lo que sucede es que hay una manifestación expresa de conformismo hacia el cambio que va acompañada de una pasividad absoluta hacia el mismo, o incluso de acciones contrarias al cambio que pueden llegar a consistir auténticos sabotajes, muy difíciles de ver cuando se combinan con estrategias de distracción orientadas a retrasar o posponer sistemáticamente la ejecución del plan del cambio.

El tema es, en su simpleza, fácilmente comprensible: el ser humano no actúa del mismo modo cuando hace algo en lo que cree que cuando hace algo porque le obligan a hacerlo. Y ahí está la clave: en entender por qué se percibe el cambio como una obligación y no como una oportunidad, y ese es el auténtico fundamento sobre el que se construyen en el interior del individuo las resistencias: «Este cambio no es interesante para mí, pero me obligan a hacerlo. Intentaré hacer lo mínimo posible para que se consolide y todo lo que pueda para que fracase».

¿Por qué el individuo construye este pensamiento en su cabeza? El resistente contestará casi siempre a esta cuestión desde la razón, indicando que se resiste al cambio porque considera que no es conveniente y que está afirmación obedece a un estricto balance intelectual acerca de las ventajas e inconvenientes del cambio propuesto. Muchas veces esta contestación no será verdad, aunque el propio resistente ni siquiera lo sepa. Sí es posible que en ocasiones existan resistencias estrictamente racionales, pero lo más frecuente es que detrás de la oposición al cambio lo que prevalezca sean las resistencias emocionales y en especial el miedo a lo que supone cambiar.

No todas las objeciones son resistencias. Por objeciones se entienden aquellas observaciones, eminentemente racionales, que, sin intentar evitar el cambio, proponen modificaciones sobre el plan previsto con el objetivo de hacerlo mejor, ya sea en beneficio colectivo de la organización o incluso tan solo desde la propia situación de quien las expone. Es algo absolutamente comprensible y razonable, y debe entenderse desde el legítimo ejercicio de la defensa de los intereses personales de quienes se ven afectados por el cambio. Las objeciones deben ser tratadas desde esa consideración y, en la medida que sean viables o representen mejoras al proyecto inicial, también deben ser atendidas, tanto por el beneficio de quien las plantea como en beneficio de un mayor anclaje del cambio una vez que este se produzca. Cuanto mayor compromiso con el cambio, menor probabilidad de involución, y es evidente que aquel que ve aceptadas sus solicitudes tendrá un compromiso superior con el cambio una vez que este se consolide. Las resistencias, por el contrario, son actitudes eminentemente emocionales que lo que persiguen es que el cambio no progrese. Es decir, son posturas opuestas a que el cambio se haga y por tanto incompatibles con él.

Por último, también es importante tener en cuenta que en ocasiones las resistencias no aparecen de forma inmediata sino diferida. Tras un silencio inicial, al principio de forma sutil y luego de una manera claramente apreciable por la sucesión de errores, comienza a manifestarse la pérdida de motivación general o el absentismo. Este proceso puede durar semanas o meses y en ocasiones estalla de una manera brusca como resultado de un proceso de acumulación de resistencias no manifestadas en su momento. Por eso es importante facilitar que las resistencias emerjan con naturalidad desde el principio. Una resistencia abierta e inmediata siempre será mucho más fácil de gestionar que una resistencia oculta y diferida.

Para ello también es importante considerar el ciclo emocional del cambio y la resistencia.

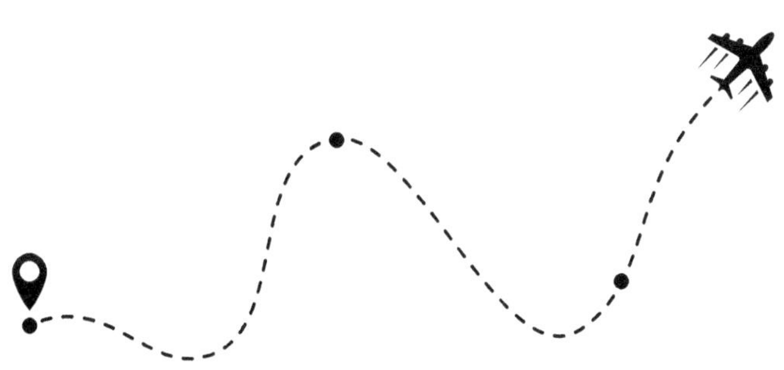

2. BLOQUEADOS ANTE EL CAMBIO

Como ya hemos visto, las resistencias son actitudes eminentemente emocionales que lo que persiguen es que el cambio no progrese. Estas posturas no siempre se manifiestan de modo abierto, sino que con mucha frecuencia suelen mantenerse ocultas. Esta ocultación conlleva una dificultad añadida para los gestores del cambio por cuanto no se puede actuar sobre el problema que no se identifica.

Además «pertenecemos a una cultura que da a lo racional un valor trascendente y a lo que procede de las emociones un valor arbitrario», como dice Humberto Maturana. La separación entre razón y emoción es tradicional, endémica, pero nuestras emociones son parte de nuestra inteligencia y aprender a integrarlas con la razón debería ser una meta para todos. «Ser solamente racionales nos limita, el exceso de control nos colapsa, las emociones que no se muestran se enquistan». No lo podemos negar; somos seres en muy gran medida emocionales, aunque nos guste definirnos como animales racionales.

Sin embargo, el reconocimiento de una necesidad de gestión emocional provoca en muchos gestores también un sentimiento de impotencia por falta de formación al respecto.

Tal y como señalaba el profesor Samuel Husenman «la mayoría de nosotros sabemos lo que es necesario para hacer un plan, pero no lo que se necesita para tratar con la angustia y la rabia».

El componente emocional es hasta tal punto determinante en la aparición de resistencias que algunos autores han explicado la relación entre cambio, resistencias y emociones aplicando el modelo del duelo de Kubler-Ross.

Este modelo, muy cuestionado recientemente por falta de apoyo empírico suficiente, es sin embargo muy interesante a nivel teórico para entender cómo opera el ciclo emocional del cambio a partir de la hipótesis de que las resistencias aparecen como una no aceptación del cambio, lo cual efectivamente es algo muy frecuente. Según esta propuesta, se pueden distinguir siete fases:

1. *Shock:* el cambio genera un impacto paralizante y nuestro sistema emocional se bloquea. No puedo digerir lo que me está aconteciendo.

2. *Negación:* no queremos aceptar el cambio y actuamos como si no se hubiese producido. «Es un mal sueño. No ha pasado nada, sigamos adelante con nuestras rutinas». Hay una resistencia previa articulada mediante la negación de lo que sucede.

3. *Enfado:* ante la inutilidad de la negación, entramos en cólera. «¿Por qué me pasa esto a mí?». Afloran las resistencias específicas y combatientes respecto al cambio.

4. *Negociación:* intentamos buscar una vía intermedia entre lo que sucede y lo que nos gustaría que pasase. «Vale. Hay un cambio, pero esto no tiene por qué cambiarlo todo». Las resistencias siguen latentes.

5. *Depresión:* agotados, nos resignamos a la inevitabilidad del cambio, abandonándonos a lo que nos depare la suerte. Las resistencias se hacen pasivas.

6. *Prueba:* aceptamos cierta capacidad de intervención ante el cambio y buscamos posibles actuaciones en base a criterios realistas.

7. *Aceptación:* el cambio entra en nuestra vida y lo aceptamos, buscando adaptarnos a lo que hay. Desaparecen las resistencias.

Personalmente considero que, aunque el modelo es muy aprovechable, el esquema puede simplificarse del siguiente modo, considerando además que, por desgracia, no siempre se alcanza la aceptación:

1. *Fase de shock:* el cambio impacta emocionalmente. No se trabaja racionalmente en él. No conviene intervenir de momento porque las resistencias aún no han aflorado.

2. *Fase de retirada defensiva:* sentimos el cambio y afloran las emociones negativas: tristeza, enfado (por lo que se pierde) y miedo (por lo que esa pérdida pueda suponer). Aparecen las resistencias; hay que dejar que afloren y se expresen libremente.

3. *Fase de reconocimiento y evaluación:* aceptamos la evidencia de que el cambio se produce y consideramos lo que supone y la conveniencia de mantener las resistencias o no. Fase clave para actuar sobre las resistencias.

4. *Fase de resolución:* el trabajo sobre las resistencias ha finalizado en su primera etapa. Si se han vencido hay que seguir adelante con una actitud vigilante por si reaparecen. Si no se han vencido hay que prescindir del individuo resistente sacándolo de la organización.

BLOQUEOS EMOCIONALES. «NO PUEDO CAMBIAR»

En ocasiones el componente emocional de las resistencias alcanza una dimensión tan grande que coloca al individuo en una situación de bloqueo. No se trata ya de que se resista a cambiar; lo que sucede es que la persona se queda anclada en la fase de *shock* debido a un procesamiento defectuoso de la emoción.

Técnicamente las emociones son reacciones fisiológicas inconscientes breves que producen una información instantánea que, una vez asimilada, desaparece, dejando hueco para nuevos estímulos y permitiendo procesamientos racionales de la realidad. Sin embargo, en ocasiones las emociones no desaparecen de inmediato, sino que se prolongan en el tiempo, mezclándose con pensamientos en forma de juicios y repitiéndose en un rumiar continuo, en un pensar y repensar sobre el estímulo emocional básico. En estos supuestos deberíamos hablar de «sentimientos» y no ya de emociones en estado puro.

Según el filósofo y biólogo chileno Humberto Maturana, antes citado, la emoción se convierte en sentimiento cuando se tiene consciencia de ella. Es decir, en el sentimiento interviene, además de la reacción fisiológica, un componente subjetivo, de modo que un sentimiento aparece cuando emitimos un juicio sobre la emoción.

Lo que empieza siendo una respuesta natural de un sistema psicológico sano puede convertirse en un problema psicológico si el bloqueo emocional persiste en el tiempo sin ser resuelto, llegando a adquirir una dimensión patológica.

En psicología el concepto de resistencia se refiere a la angustia emocional que presentan las personas ante la perspectiva de cambio que se va a producir o que ya se está produciendo.

En este reconocimiento de la resistencia como angustia ante el cambio se encuentra la esencia de los bloqueos emocionales. Si nos atenemos a la clasificación de las emociones básicas elaborada por Paul Ekman, podemos ver cómo entre las seis emociones básicas se encuentran los tres fundamentos principales del bloqueo emocional: la tristeza, el enfado y el miedo.

Ekman señaló que, presentes y compartidas por todas las culturas, hay seis emociones básicas que pueden ser identificadas mediante señales fisiológicas específicas apreciables en el rostro. Estas emociones básicas son el miedo, la tristeza, la alegría, la ira, el asco y la sorpresa. Aunque esta teoría ha sido cuestionada, sigue siendo muy popular y útil para entender el sistema emocional básico del ser humano.

Estas emociones en sí mismas no producen bloqueo si no aparecen juicios asociados a las mismas, tal y como se ha señalado antes. La incorporación de esos juicios da lugar a un número mucho mayor de sentimientos según la combinación de juicios asociados a la emoción o incluso generados por la concurrencia de varias emociones. Se puede hablar entonces de la vergüenza, del odio, de los celos, de la gratitud y de otras muchas cosas más. En cualquier caso, en situaciones de cambio podemos identificar la presencia de las tres emociones señaladas en la base del bloqueo. Dos de ellas, la tristeza y el miedo, generan actitudes más bien pasivas ante el cambio, mientras que el enfado habitualmente da lugar a un enfrentamiento activo contra los promotores del cambio.

Desafortunadamente, estas tres emociones no siempre aparecen en estado puro, de manera claramente visible e indubitada. Por el contrario, es frecuente que las apariencias engañen y que tras una emoción aparente se encuentre, escondida, otra emoción diferente. Así, no es extraño que tras una manifestación de enfado se encubra como emoción principal el miedo, o que bajo la tristeza se encuentre el enfado.

Leslie Greenberg, considerado uno de los mayores especialistas mundiales en el tema de las emociones, trabaja sobre una clasificación muy útil para entender qué emoción se encuentra en el bloqueo que impide el cambio, distinguiendo entre emociones primarias, secundarias e instrumentales. Las emociones primarias pueden ser a su vez saludables y no saludables.

Las emociones saludables son «nuestros primeros sentimientos», muy valiosos para nuestra supervivencia y bienestar. Son reacciones a algo que está sucediendo ahora mismo. Llegan con rapidez y se van con prontitud.

Las no saludables son emociones que emergen cuando nuestro sistema emocional funciona mal. Siguen siendo nuestros sentimientos más profundos, pero han dejado de ser sanos. Pueden surgir debido a una situación externa o interna y por lo general se basan en un aprendizaje defectuoso previo, que se repite como un automatismo cada vez que aparece el estímulo emocional. Es un bloqueo, nos quedamos atascados en nuestras emociones y nos hundimos en ellas de manera inexplicable y sin poder hacer nada.

Las emociones secundarias son un tipo de emoción posterior al pensamiento que responde a un sentimiento o pensamiento más primario. Su función es enmascarar la emoción básica que ha dado lugar al pensamiento y a la que no nos queremos enfrentar. Resultan problemáticas porque suelen ocultar lo que estamos sintiendo en lo más profundo. No queremos sentirnos enfadados, tristes o con miedo. Estos sentimientos de malestar no representan una respuesta emocional central a la situación, sino que provienen de nuestros intentos de juzgar y controlar las respuestas centrales.

Tienen su propia vida y con frecuencia se vuelven recurrentes en bucles interminables, sin ninguna causa. Aquí, el sentimiento es procesado después del pensamiento.

Por último, las emociones instrumentales se expresan tanto consciente como automáticamente con el propósito de conseguir una meta. Pueden resultar bastante problemáticas, porque puede llegar un momento en que la persona que recibe estas señales se sienta manipulada.

Las situaciones de bloqueo serán diferentes en función de la emoción base que se encuentre en dicho bloqueo, por lo que es importante tener claro a qué nos referimos cuando nos referimos a una emoción de una u otra manera.

En el trabajo para superar resistencias basado en la inteligencia emocional es muy importante identificar rápidamente ante qué tipo de emoción nos encontramos. Se profundizará sobre ello en la tercera parte de este libro.

TRISTEZA

La tristeza tiene que ver con la pérdida de un estatus, de un marco en el que nos encontrábamos acomodados. Puede provocar una profunda sensación de desamparo e impotencia con un sentimiento físico intenso paralizante.

La tristeza como emoción secundaria surge al negar el enfado impotente, ante la falta de aceptación de una pérdida y ante la autocrítica (no estar a la altura). Las pérdidas sin resolver pueden estar influyendo en estas experiencias. Muchas veces la depresión persistente es el resultado de negar los sentimientos centrales de tristeza ante una pérdida. Esto suele implicar un tipo de desesperanza generalizada en lugar de la aceptación de la pérdida que acompaña a la emoción central de tristeza.

Ante el futuro cambiante, se busca en la nostalgia un refugio, porque el halo protector de lo conocido nos produce paz y sosiego. «Miras y buscas lo de ayer para que siga siendo lo que siempre ha sido. Acostumbrarse al movimiento es morir a lo que siempre viste como cierto», dice Antonio Galindo en *La corriente del corazón*. Este es el principal peligro de la tristeza en relación con el cambio: la tendencia recurrente a recuperar la situación tradicional que existía antes del mismo.

La tristeza es una emoción además complicada por su capacidad de duración. Un estudio elaborado en Bélgica, en la Universidad de Lovaina, pone de manifiesto que la tristeza es la emoción que más se prolonga en el tiempo y por tanto la más propensa a generar bloqueos. En concreto, puede durar hasta 240 veces más que otros sentimientos como la vergüenza o el enfado, y tardar más de 120 horas en ser superada. La razón de esta duración prolongada parece encontrarse en su vinculación con sucesos de gran impacto como la muerte.

ENFADO

Como emoción primaria, adaptativa y saludable, el enfado es una respuesta efímera de gran utilidad para la supervivencia. Es una sensación de presente que se manifiesta ante un peligro inmediato. Es una respuesta natural ante cualquier amenaza física o psicológica que puede referirse a nuestra identidad, a nuestros límites o a la frustración por no conseguir un determinado objetivo, cuya ausencia nos genera un perjuicio.

Como emoción no saludable tiene un gran impacto en las relaciones con los demás, así como en nuestro propio bienestar. Adquiere la dimensión de rabia destructiva que permanece a pesar de que ya no hay agresión de la que protegerse. Suele enmascarar tristeza, decepción, baja autoestima (vergüenza-fracaso). El enfado es desadaptativo cuando es un sentimiento recurrente que no desaparece.

El enfado secundario está escondiendo normalmente emociones como el miedo y la tristeza. Es frecuente que el enfado oculte sentimientos subyacentes de dolor o impotencia que no han sido resueltos en el pasado. Es ese enfado que quedó sin resolver y nos dejó una herida que aparece, de manera explosiva, ante estímulos del presente que no deberían producir reacciones tan fuertes como las que se expresan.

El enfado instrumental se usa para conseguir algo de los demás. Es una forma de control sobre ellos en beneficio propio. Enfadarse es sin duda una manera eficaz de controlar a las personas, hasta el punto de que en muchos casos se utiliza como habilidad recurrente en las relaciones interpersonales.

En situaciones de cambio, el enfado es muy problemático porque es una emoción muy seductora. Cuando nos enfadamos segregamos adrenalina, que nos aporta un «chute» de energía que engancha y con frecuencia hace que sea muy difícil de autocontrolar, creando un sentimiento de enfado crónico sin ningún valor adaptativo. Además, mantiene durante horas al cerebro en una situación de alerta que genera una predisposición a volver a enfadarnos, rebajando nuestro umbral de irritabilidad (rasgo característico de las situaciones de estrés), de manera que puede decirse que el enfado se suele alimentar de sí mismo, creando un círculo vicioso, donde el enfado genera enfado hasta que termina explotando en ira.

MIEDO

El miedo como emoción primaria adaptativa es una respuesta natural que surge ante a una amenaza específica y que desaparece una vez que el peligro ya no existe. Su función primordial es asegurar nuestra supervivencia.

Presenta cuatro tipos de manifestaciones: huida, sumisión, agresión y bloqueo.

Si es aficionado a los perros, y aún más si tiene alguno como mascota, habrá comprobado o podrá comprobar estas manifestaciones. En animales salvajes, de cara a buscar la solución más ventajosa y menos arriesgada, el orden de manifestación empieza por huir para alejarse del peligro; agredir para defenderse, cuando se encuentran acorralados o el bien a proteger es muy elevado; y sometimiento, cuando se da todo por perdido y se espera la caridad del agresor. En algunos animales, la huida es sustituida por el bloqueo como estrategia de «desaparición».

En las personas, este orden no está tan claro y, con más frecuencia de la deseable, el miedo despierta automáticamente la agresión. Es fácilmente comprensible que cuando esto sucede en procesos de cambio genere situaciones muy incómodas. Aun así, si se trata de una emoción adaptativa puede gestionarse con cierta facilidad haciendo desaparecer el concepto de amenaza.

Esto es posible porque la percepción del miedo siempre es subjetiva. Es decir, ante un mismo estímulo unas personas pueden sentir miedo y otras no en función de la interpretación que hagan de lo que ocurre y de los recursos que existan para hacer frente a la situación, si bien también se debe aceptar que tiene un componente contagioso que puede producir un sentimiento colectivo, incluso de pánico, como en las avalanchas en las que muchas de las personas que corren no saben de qué huyen.

Como emoción secundaria surge ante la posibilidad de que el enfado o la tristeza perjudiquen tus relaciones, y como emoción instrumental aparece con el fin de evitar asumir responsabilidad, buscando protección de los demás.

Pero el mayor problema del miedo aparece cuando se transforma en una emoción desadaptativa. El miedo se convierte en no saludable cuando persiste una vez desaparecido el peligro, como manifestación de una emoción enquistada en el tiempo, asociada quizás a eventos traumáticos, y ante la expectativa de alta probabilidad de que vuelva a suceder. En estos casos se convierte en un elemento altamente tóxico que impide que el proceso de cambio se lleve a cabo, porque como señala Gerver, el cambio no se puede producir en estado de pánico.

A diferencia del enfado, el miedo puede surgir también —en gran medida lo hace— por la desconfianza, y no solo y necesariamente por la existencia de una amenaza real, salvo que consideremos el cambio en sí mismo como una amenaza en tanto en cuanto atenta contra nuestra zona de control. Es decir, las dos condiciones que estimulan la aparición de la resistencia bloqueante son la percepción de amenaza y/o la desconfianza. En este último caso, la desconfianza se nutre en gran medida de la ansiedad.

La ansiedad es una respuesta a «amenazas» que no se deben a un peligro externo sino que son creadas por la mente. La emoción ha incorporado el pensamiento y este hace que surja cuando no habría motivo para ello.

«Mi vida ha estado llena de acontecimientos terribles, algunos de los cuales han estado incluso a punto de suceder». Esta frase, atribuida a Woody Allen, expresa perfectamente la vida de las personas con ansiedad, para las cuales el miedo desadaptativo se ha convertido en un pesado lastre para su bienestar. La palabra ansiedad, en cuanto miedo anticipatorio, define bien lo que ocurre en nuestra mente en estas situaciones.

La ansiedad en ocasiones proviene de un sentimiento básico de ser ineficaz y de estar desprotegido, o de tener previsiones catastróficas respecto al futuro, y en esencia conlleva un deseo imperioso de control que no se ve cubierto. A mayor deseo de control, mayor inseguridad, y a mayor inseguridad mayor ansiedad.

Este es el cuadro básico que aparece en los procesos de cambio debido a la incertidumbre que genera el paso a un terreno no conocido, y por tanto no controlable.

Es muy frecuente que el miedo no se manifieste de frente y se esconda bajo el disimulo emocional o bien camuflado detrás de otras emociones, como la tristeza o el enfado. La razón más frecuente por la que el miedo se esconde es porque se considera un signo de debilidad.

Se ha estigmatizado injustamente el miedo, considerándolo una emoción indigna o indeseable, sin entender que es una emoción natural y juzgándolo bajo un sistema de creencias basado en la concepción del valor como elemento básico de la identidad deseada, especialmente en el caso de los hombres.

Ni siquiera en este caso sería justa esta estigmatización, por cuanto el valor no reside en la capacidad de no sentir miedo, sino, por el contrario, en la de sentirlo y superarlo.

Pero ¿a qué tenemos miedo?, ¿qué puede pasar como consecuencia de un cambio?

¿Por qué ha de ser algo esencialmente negativo?

Las respuestas a estas preguntas difieren según la personalidad de cada individuo, pero con carácter general se pueden identificar dos miedos que se repiten con asiduidad.

Miedo al cambio en sí mismo

Que el cambio es incómodo es una verdad que no parece admitir discusión. Que esa incomodidad genera resistencias es una constatación empírica. Pero, además, el cambio en sí mismo puede generar bloqueos emocionales en personas con determinados perfiles de personalidad con una necesidad muy alta de control.

Algunas teorías han vinculado este temor bloqueante con un miedo existencial a la muerte y con personas que persiguen en sus decisiones la seguridad por encima de cualquier otro factor, dejando pasar muchas oportunidades por suponer alteraciones a su comportamiento cotidiano.

El mero hecho de cambiar es un atentado contra la pretensión de control absoluto, introduce mucha inseguridad y abre un escenario donde todos los hábitos y rutinas que se han utilizado para generar previsibilidad en nuestra vida se tambalean.

En algunos casos, el cambio ni siquiera es visto como incertidumbre, sino como la certidumbre de algo peor, y el bloqueo es una consecuencia lógica de la pérdida asociada a lo que el cambio produce.

En otros casos, el miedo a cambiar tiene una connotación negativa específica en aquellos individuos que se encuentran en una situación que les otorga algún tipo de poder, por pequeño que sea, en base al cual configuran su identidad.

El temor a que el cambio les prive de la posición de influencia y/o poder sobre los demás los paraliza. Son individuos aferrados a posiciones de poder de índole jerárquica que no tienen claro que el nuevo escenario les permita sostenerla. El poder, por otra parte, es para mucha gente una motivación fundamental de sus vidas, tal y como señalaba McClelland, y su ejercicio, o la conciencia de su posible uso, llega a convertirse en un hábito adictivo, igual que cualquier droga.

Miedo al fracaso

El miedo a fracasar, entendido como sentimiento que bloquea al individuo, se deriva del miedo a fallar ante las exigencias del cambio y a interpretar ese fallo como algo tan grave que afecta a la propia identidad como persona. Suele estar más presente en individuos con una gran necesidad de reconocimiento social y muy susceptibles a las críticas.

«Si fracaso, es porque no valgo y si no valgo me siento culpable» es un relato habitual en este tipo de individuos, que asocian al fallo consecuencias fatales, como la expulsión del grupo y la soledad. Esta herencia, de tradición judeocristiana, considera al fracaso como una mancha y lo asocia a pensamientos parecidos a los que utiliza para juzgar el pecado, y en ellos se fundamenta el sentimiento de culpa,

Este tipo de miedo, que como señala Pilar Jericó es el «miedo estrella» en las empresas, nace de un sentimiento profundo de no sentirse lo bastante bueno para superar los retos del cambio, o incluso sí para superarlos pero no de forma tan eficiente como lo harían otros (miedo al fracaso por comparación).

Tal y como hemos visto hasta ahora, las resistencias al cambio no son una tara que afecta a determinados individuos ni obedecen necesariamente a tramas urdidas desde la razón para impedir el cambio por oscuros intereses personales. Por el contrario, son fenómenos comunes, naturales y previsibles que tienen un alto contenido emocional que en ocasiones llega a bloquear al individuo generando, no solo obstáculos para que el cambio progreso, sino una gran pérdida de bienestar en el que las sufre.

Si somos capaces de ver las cosas así, entenderemos que la aparición de resistencias no es un problema sino una tarea, y que lo importante no es reprimirlas sino gestionarlas, especialmente desde las aportaciones surgidas con el descubrimiento y desarrollo de la inteligencia emocional.

Afortunadamente los avances en este terreno han sido espectaculares y hoy disponemos de recursos para gestionar las resistencias emocionales. Para ello, no obstante, lo primero será descubrirlas, aceptarlas cuando se manifiesten como tales y trabajar sobre ellas. Un trabajo bien hecho en este área será clave para el éxito del cambio, y por eso es importante enfocar bien la gestión de la misma.

3. CREENCIAS PARALIZANTES

Las creencias son modelos mentales en base a los cuales interpretamos el mundo. Se trata por tanto de juicios construidos, aunque a menudo las confundimos con hechos objetivos incuestionables. Un hecho objetivo es que el día es soleado; un juicio es que el día es muy bonito.

Estos juicios y evaluaciones se construyen acerca de nosotros mismos, sobre los demás y sobre el mundo que nos rodea, moldeando todas y cada una de nuestras dimensiones, desde la salud a la inteligencia, y condicionando nuestra felicidad y nuestra capacidad de afrontar proyectos con éxito. Cada uno de nosotros tiene creencias que actúan como recursos, junto con otras que nos limitan. Nuestras creencias también se comportan como permisos o prohibiciones a la hora de hacer o no hacer algo y también como profecías autocumplidas. Creemos que algo va a suceder y hacemos, en gran medida inconscientemente, lo necesario para que suceda, a pesar de que ello nos genere un perjuicio.

Según señalan los expertos, a una edad temprana (aproximadamente los dos años) todos empezamos a construir teorías explicativas de la realidad en base a las vivencias que tenemos. A veces estas teorías son positivas, pero en otras ocasiones son negativas. Las teorías construidas sobre nosotros mismos nos marcan mucho, especialmente si son negativas, en cuyo caso se conviertan en auténticas limitaciones vitales, porque una vez instaladas en nuestra mente, nuestra tendencia es no modificarlas, defendiéndolas con mucha fuerza y fortaleciéndolas en base a todos aquellos estímulos que nos confirman que nuestra creencia es la correcta e ignorando todo aquello que se muestra en sentido contrario.

Además, las creencias limitantes son más fuertes cuando se construyen desde fuera y no como resultado de nuestras propias experiencias, de lo cual se infiere claramente el valor de la educación en la construcción de nuestro mapa de creencias.

El niño que construye la teoría, la creencia, de que «los perros son peligrosos» luchará con todas sus fuerzas contra aquellas evidencias que demuestren lo contrario, hasta el punto de que ni siquiera aceptará una afirmación tan neutra como «algunos perros son peligrosos». En un momento de su vida, paseando por la calle con su madre, sintió cómo, ante la presencia de un perro, la madre le apretaba con fuerza la mano, al tiempo que lo acercaba a su cuerpo, protegiéndolo. El perro ladró, saludando, y el niño sintió con más fuerza el apretón, interpretando ese ladrido como una amenaza. De más mayor fue conociendo noticias de perros que mordían a niños, incluso en alguna ocasión que llegaban a matar a personas. Era evidente: los perros eran peligrosos. No fue capaz de ver a los perros de rescate, ni a los perros lazarillo de la Once ni a tantos otros perros amorosos y pacíficos que alegran la vida de sus dueños. Esos no existen conforme a su creencia. Los perros son peligrosos y él les tiene miedo. De niño y de adulto.

Así se construyen las creencias, en gran medida en base a un autoengaño, limitando nuestras posibilidades de actuación. Son generalizaciones que definen un mapa de la realidad y que de algún modo, actuando en su conjunto, contribuyen a generar un clima de resistencia al cambio, porque este representa una ruptura con alguna o con muchas de ellas, originando una disonancia cognitiva que nos cuesta asumir. La buena noticia es que las creencias limitantes pueden ser transformadas o actualizadas una vez que han sido identificadas.

Robert Dilts, una de las grandes autoridades en el tema, señala que los tres tipos más comunes de creencias limitadoras son las que se refieren a la desesperanza, la impotencia y la falta de mérito.

- Desesperanza: creencia de que el objetivo deseado no es alcanzable, sean cuales sean nuestras capacidades
- Impotencia: creencia de que el objetivo deseado es alcanzable, pero no somos capaces de lograrlo
- Ausencia de mérito: creencia de que no merecemos el objetivo deseado debido a algo que somos o hemos hecho, o a algo que no somos o que hemos dejado de hacer

En general, todas las limitaciones englobadas en estos tres tipos tienen relación con un concepto básico en el ser humano en relación con sus acciones: la autoeficacia.

CREENCIAS LIMITANTES QUE NOS IMPIDEN CAMBIAR

Albert Bandura define la autoeficacia como «los juicios de cada individuo sobre sus capacidades, en base a los cuales organizará y ejecutará sus actos, de modo que le permitan alcanzar el rendimiento deseado». «Por lo tanto, el concepto no hace referencia a los recursos de que se disponga, sino a la opinión que se tenga sobre lo que puede hacer con ellos».

La autoeficacia, o las percepciones de autoeficacia, son por tanto juicios personales y, en cuanto tales, creencias sobre nuestras propias capacidades para alcanzar un determinado resultado.

Con respecto al cambio, la expectativa del resultado está directamente vinculada al empleo de recursos, en la medida en que las personas valoran la probabilidad de que sus acciones alcancen un objetivo concreto con beneficios asociados. Está demostrado que el rendimiento depende tanto de la capacidad como de la creencia del individuo de disponer de ella, de modo que la inexistencia de dicha creencia puede impedir un resultado adecuado a las posibilidades de quien se enfrenta al cambio.

Así es con carácter general. Tal y como señala Susana Llorens «a igual capacidad obtienen mejores resultados los sujetos que se juzgan capaces». Las personas con una buena dimensión de autoeficacia establecen metas más altas y consiguen mejores resultados que aquellos con un nivel de autoeficacia menor. La autoeficacia, en este sentido, no es un autoengaño positivo que nos otorga un potencial que no tenemos, sino un reconocimiento realista de la capacidad que realmente tenemos para afrontar un reto específico. «Es difícil lograr algo cuando se lucha contra las dudas en relación a uno mismo», dice Bandura. «La autoeficacia percibida determinará la iniciación de la conducta, el esfuerzo dedicado, el rendimiento actual y futuro y el patrón de reacciones emocionales», añade.

Las creencias de autoeficacia se construyen mediante un proceso de auto-persuasión que depende en gran medida del valor que nosotros damos al éxito que hemos tenido en nuestras experiencias, de modo que para sentirse eficaz es necesario haber tenido previamente esas experiencias y, además, haber percibido el éxito de las mismas. De este modo, la autoeficacia se nutre de las experiencias de éxito en el pasado, al mismo tiempo que contribuye a aumentar el grado de confianza para enfrentarse a nuevos desafíos que, si resultan exitosos, volverán a reforzar la creencia de autoeficacia en un continuo proceso de retroalimentación donde la autoeficacia es causa y efecto del éxito. En gran medida esto es así también porque, aunque contemos con las capacidades, no somos conscientes de nuestro verdadero potencial hasta que no las ponemos a prueba en situaciones concretas, especialmente si desafiamos los límites de nuestra zona de confort.

Esto es de importancia vital a la hora de establecer las metas del cambio y debe ser tenido en cuenta imperativamente en el proceso de planificación de cualquier proyecto de cambio.

AUTOCONCEPTO Y AUTOESTIMA

La *autoestima* y el *autoconcepto* son conceptos cercanos a la autoeficacia pero diferentes y es interesante hacer una reflexión sobre los mismos. De manera conjunta, los tres construyen una representación de nosotros mismos que podemos denominar *autoimagen*.

El *autoconcepto* es el conjunto de opiniones que tenemos sobre nosotros mismos. Es decir, lo que pensamos que somos. Aunque es una opinión, y por tanto un juicio sobre nosotros mismos, tiene carácter descriptivo. Es decir, es una manera de describirnos que, siendo subjetiva porque no puede ser de otra manera, no conlleva un juicio global ni una evaluación sobre si somos válidos o no.

Un sentimiento de aceptación positiva de lo que somos nos hace sentirnos bien y nos potencia mientras que, en caso contrario, nos sentimos mal y poco dispuestos a actuar. Esto es así porque una de las dimensiones del autoconcepto es la autoconfianza. Si aceptamos lo que somos, confiamos en nuestras auténticas posibilidades para conseguir algunas cosas, aunque otras no sean posibles. A diferencia de la autoeficacia, la autoconfianza se refiere a nuestra capacidad global y no a retos concretos y específicos.

Por el contrario, la *autoestima* sí tiene un claro significado valorativo, porque es aquello que pensamos respecto al conjunto de características y rasgos que tenemos. Pensamos y automáticamente sentimos porque, como señala Burns, en el juicio de la autoestima hay un alto contenido emocional derivado de una valoración.

Este pensamiento-sentimiento es ante todo un juicio que surge como resultado de una evaluación. Nos ponemos una nota en función del resultado de la comparación entre lo que creemos que somos y lo que, en nuestra opinión, deberíamos ser. Es decir, hacemos una valoración de nuestras características.

En ambos casos, autoestima y autoconcepto, las experiencias son fuente destacada en la construcción de la opinión acerca de nuestro valor y nuestra descripción, y tienden a ser estables en el tiempo, aunque modificables, y también influenciables por la opinión que nos transmiten los demás.

El autoconcepto es inevitable. No podemos eludir una idea, la que sea, sobre nuestra identidad. Normalmente esa idea va asociada a un juicio y ahí se cuela la autoestima.

El juicio en el que se asienta la autoestima siempre se refiere a una comparación con algo. La cuestión es con qué. ¿Quién elige los componentes de ese algo y los valores de referencia de cada uno de esos componentes? Lo habitual es que el juicio tenga un origen familiar, o que surja en base a conceptos como raza, sexo, edad, formación académica, estado civil, profesión posición social, etc. Antropológicamente, nuestros componentes y valoraciones son distintos culturalmente a los de otros ámbitos sociales (incluso tribus urbanas). Al final, la evaluación no es sino una comparación sobre uno mismo con algo que construyen los demás (nuestro entorno) que nos hace infelices porque competimos con un yo ideal que siempre nos gana. Siempre somos peores que nuestro yo ideal, que además en origen no es nuestro sino que lo hemos «comprado».

Yo estoy más por la «aceptación» y el «desarrollo». Yo «soy», por definición, y mi opción es «ser». Puedo desarrollar mi autenticidad desde la aceptación de lo que soy o intentar fingir lo que creo que me interesaría ser.

Tampoco creo que se pueda mejorar, ya que el concepto de mejora en el ser humano en realidad no existe, pues ningún ser es mejor o peor, pero sí puedo disfrutar más de ser lo que soy empleando plenamente mis propias fortalezas, y manifestarme así en cada una de las relaciones que establezco: conmigo mismo, con los demás y con la naturaleza. Puedo desarrollar nuevas habilidades e incorporar nuevos aprendizajes, pero eso no me hace mejor después ni peor antes, sino diferente.

Asimismo, las creencias no son las personas, aunque pensemos con frecuencia que es así. Por el contrario, en gran medida son las creencias las que poseen a las personas y no al revés, especialmente aquellas que han sido marcadas durante el proceso educacional por nuestros instructores, ya sean padres, profesores, amigos etc. Por eso el trabajo no debe ser destruir a las personas sino sus creencias. Son estas las que deben ser criticadas y no al contrario.

Asumir esta visión creo que aporta una fortaleza básica en la gestión de los procesos de cambio. De otro modo, si tendemos a equipar a las personas con sus creencias, poca posibilidad de transformación existirá.

CREENCIAS, CAMBIO Y SUSTITUCIÓN

En la medida en que el conjunto de creencias constituye una especie de sistema que configura un mapa de la realidad, nosotros también formamos parte de sistemas. Estos sistemas son concebidos con frecuencia como verdades absolutas, a pesar de que si se comparan con otros sistemas vigentes en otros modelos culturales son totalmente diferentes. Así, por ejemplo, el sistema familiar no confesional de Occidente no es igual al sistema familiar en el mundo musulmán que puede observarse en países como Arabia Saudí. Para los integrantes de cada una de estas culturas su sistema es el bueno, de modo que los comportamientos y las respuestas a los problemas son adecuados o no en función de que encajen bien en «su» sistema.

No hace falta pensar o imaginar mucho para darse cuenta de cómo lo adecuado para un sistema es absolutamente inadecuado para el otro. Mirando solo lo diferentes que son los roles del hombre y la mujer en cada uno de los sistemas, el asunto es fácilmente comprensible.

Es decir, que en realidad esas verdades absolutas de los sistemas no parecen serlo tanto y, sin embargo, en la práctica nos condicionan de un modo muy importante, dificultando la gestión de los procesos de cambio, por cuanto convierten aspectos variables y susceptibles de modificación en elementos constantes que no pueden ser alterados.

Siguiendo este modo de pensar, cuando algo falla es comprensible corregir ese «fallo» dentro del propio sistema sin plantearse que lo que puede estar fallando es precisamente el sistema en su conjunto. De acuerdo con este enfoque, lo que se pretende es sustituir el elemento que falla por otro similar pero que no falle, que preserve en cualquier caso la solidez del sistema que está construido sobre un conjunto de creencias inamovibles, al menos aparentemente.

Quizás uno de los ejemplos en que se puede ver con más facilidad esta situación es el de algunos divorcios. En estas situaciones es frecuente que el impulso natural lleve a los cónyuges divorciados a buscar un sustituto al cónyuge del que se separan. En estos casos, lo que se pretende preservar es el sistema y hay que gestionar un cambio condicionado por dicha preservación. La aceptación incuestionada del sistema hace pensar en que lo que hay que cambiar no puede ser en ningún caso dicho sistema sino la «pieza que falla», en este caso el cónyuge que desaparece del mismo.

Siguiendo con este criterio, el sustituto o sustituta deberá responder al mismo rol profundo de aquel al que sustituye, aunque superficialmente parezca que es diferente, y cumplir con los mismos estándares que se esperaban del sustituido. Por simplificar, imaginemos un divorcio en una pareja en la que el rol masculino es el del hombre que trabaja y trae el dinero a casa y el rol femenino es el de la mujer que se ocupa del hogar y los hijos. En este caso, si se produce el efecto sustitución, el cambio se limita a poner una nueva «pieza» en el sistema que cumpla el mismo rol que el que lo abandona. Aunque aparentemente parezca distinto (más joven, por ejemplo), lo que en esencia se espera de lo nuevo es que sea como lo antiguo pero más «adecuado» a la nueva situación del cónyuge divorciado.

En el ámbito laboral suele suceder algo parecido, cuando alguien pierde o desea dejar un puesto de trabajo. No es extraño en estos casos encontrar el efecto sustitución que se manifiesta en el hecho de buscar un nuevo puesto similar al que se ha desempeñado hasta el momento pero en otra empresa. Es mucho más difícil encontrar personas dispuestas a dar un giro completo a la ocupación tradicional. Puede pensarse que el fundamento de este cambio sustitutivo se encuentra en la respuesta «es lo que sé hacer, lo que realmente me hace valioso». No es incierta, al menos no del todo. Pero la pregunta clave es ¿ese es el cambio que realmente se necesita o en el fondo se trata de un apaño para sortear la situación?

Los cambios que afectan al sistema son más trabajosos y exigen más esfuerzo, pero en muchas ocasiones son los únicos realmente válidos. El efecto sustitución es en apariencia un proceso más sencillo, pero no es extraño que se convierta en un atajo falso. A veces encontrar la pieza sustituta resulta más difícil que cambiar el sistema, y no es extraño que cuando la pieza se encuentra dure poco y deba ser nuevamente sustituida hasta que se llegue al convencimiento de que es el sistema el que falla y el que se debe cambiar.

No olvidemos que en la mayor parte de los casos las creencias que sostienen el sistema no han sido construidas por nosotros sino compradas a otros con gran ascendente sobre nuestro pensamiento, como nuestros padres, profesores, amigos, etc. A veces uno descubre que eso que compró tiene que ver poco con él y que el sistema es tan poco coherente tanto con su manera profunda de entender el mundo como con sus valores personales. En estos casos, el enfoque de sustitución tiene poco valor.

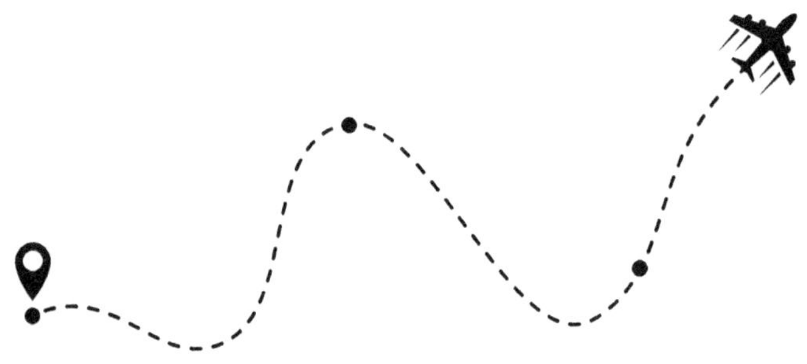

4. LA FALTA DE FORMACIÓN. «NO SÉ CAMBIAR»

¿Sabemos cambiar? ¿Cambiar es una habilidad innata?

Parece que, básicamente, las respuestas a estas preguntas es que no. O al menos no lo suficiente para abordar procesos de gestión. Sí podemos aceptar la existencia de una programación genética universal adaptativa en lo biológico, en cuanto aceptamos el aprendizaje infantil por ejemplo como un proceso de cambio, pero no una capacidad general de gestión de procesos de cambio, ya sean individuales o, especialmente, colectivos.

Además, la falta de habilidades para afrontar un proceso de cambio no solo es un obstáculo en sí mismo, sino que es un germen de resistencias. No saber cambiar dificulta la posibilidad de concluir un proceso de cambio, y el cambio se verá frenado al inicio por la aparición de resistencias vinculadas a esta falta de competencia para cambiar.

La constatación de nuestra incapacidad, aun sin ser reconocida expresamente, genera un miedo al fracaso que, como hemos visto, actúa como una poderosa resistencia para cambiar.

La buena noticia es que se puede aprender a cambiar, aunque para ello es imprescindible tener una actitud abierta hacia el aprendizaje, lo cual no es tan sencillo como podría parecer.

Por eso hablar de cambio es ineludiblemente hablar de aprendizaje. Cambiar supone siempre aprender. En el menor número de casos, dejar de hacer las cosas de una manera para hacerlas de otra, aunque ambas sean conocidas de antemano. En la mayor parte de las ocasiones, ese aprendizaje conlleva además el desarrollo de nuevas habilidades y, lo que es más importante, la incorporación de nuevas maneras de entender el mundo.

El cambio nos saca de la rutina de lo aprendido y nos lleva a la incertidumbre de lo desconocido, y esto exige esfuerzo. Si analizamos las tareas que realizamos habitualmente, podemos observar que la mayor parte de ellas se realizan en modo automático. Es decir, que parece que se hacen sin pensar. Esto no es fruto del azar, sino que obedece a una preparación biológica creada para funcionar de este modo. Aprender exige mayor consumo energético en el cerebro. El cerebro es el órgano que más energía consume. Detrás de las dificultades para cambiar existe pues una razón de ahorro energético.

Lo que mejor hacemos, lo hacemos de manera inconsciente. Aunque esto parezca una paradoja, está muy bien definido por la PNL (Programación-Neuro-Lingüística) que describe, de acuerdo con lo señalado por Maslow previamente, el proceso de aprendizaje identificando cuatro etapas. La propuesta es la siguiente:

- Fase 1: Incompetencia inconsciente: «No sé que no sé»
- Fase 2: Incompetencia consciente: «Sé que no sé»
- Fase 3: Competencia consciente: «Sé que sé»
- Fase 4: Competencia inconsciente: «No sé que sé»

En sentido estricto, según este modelo, el aprendizaje comienza en la fase 2, cuando nos hacemos conscientes de nuestra ignorancia y tratamos de superarla. El aprender circula por la fase 3 de modo fluido y notamos que ya sabemos cosas que antes no sabíamos, hasta que este conocimiento se integra de tal manera en nosotros que perdemos la conciencia de lo que sabemos y empezamos a hacer las cosas de modo automático.

	INCONSCIENTE	CONSCIENTE
COMPETENTE	COMPETENCIA INCONSCIENTE	COMPETENCIA CONSCIENTE
INCOMPETENTE	INCOMPETENCIA INCONSCIENTE	INCOMPETENCIA CONSCIENTE

Tabla 4. Las cuatro etapas del proceso de aprendizaje.

Si sabe conducir, piense en cómo trascurrió su aprendizaje. Recordará que al principio era consciente de que no sabía nada (incompetencia consciente), luego empezó a aprender cómo se cambiaba de marcha, cómo se frenaba, cómo respondía la dirección del coche al movimiento del volante... (competencia consciente). Y después llegó un momento en el que usted se fundió con su coche y se convirtieron en una especie de «centauro con ruedas», de manera que eran como uno solo y sus movimientos se automatizaron, y entonces perdió la conciencia de lo que hacía y supo que podía dirigir su atención hacia otros temas mientras seguía conduciendo. Podía pensar en otros asuntos, incluso podía hacer al mismo tiempo otras cosas como poner la radio, fumar, comer y también discutir con el copiloto. Había automatizado su aprendizaje (competencia inconsciente).

Esto es lo que sucede en la última fase de cualquier aprendizaje. Aparece el hábito y la habilidad se ejerce de manera «inconsciente».

Ahora piense qué sucede cuando tiene que coger un coche nuevo que no conoce. De repente, el ciclo vuelve para atrás. El automatismo desaparece inicialmente y de forma consciente examinamos cómo funciona «ese» coche. Y eso nos lleva un tiempo, otra vez, de aprendizaje, y nos produce cierto nivel de estrés (excluyo de este grupo a los aparcacoches, que están dotados de un don que les confiere más habilidad para manejar y aparcar los coches que la que tienen incluso sus dueños habituales, a pesar de que se acaben de sentar en ellos por primera vez).

¿TENEMOS MIEDO A APRENDER?

Cuando proponemos o nos proponen cambiar, lo que se plantea es una ruptura del modo de funcionamiento automático y volver a empezar. Con un agravante: tenemos que olvidar lo que ya sabíamos para evitar que la inercia de lo antiguo impida la implantación de lo nuevo. Hay que desaprender para reaprender. Es decir, es más difícil que cuando no sabíamos nada. No solo tenemos que incorporar lo nuevo, sino eliminar lo viejo.

De esta manera parece más fácil entender las dificultades que plantea el cambio y se explica mejor la aparición de resistencias al cambio, porque este esfuerzo, además de estar biológicamente «contraindicado» por consumo energético, plantea un conflicto de mayor calado en otra dimensión: la psicológica.

Lo del esfuerzo evitable es fácilmente gestionable si se compara con la dificultad que se plantea en el terreno psicológico, porque aprender tiene asociado un componente emocionalmente complicado: la posibilidad de fracasar.

Así, y aunque culturalmente se ha narrado la aventura del aprendizaje desde una perspectiva feliz y divertida, la verdad es que no para todo el mundo aprender cosas nuevas es un reto apasionante. Más bien al contrario. A partir de un determinado momento vital, aprender cosas nuevas no tiene nada de divertido y genera mucho miedo.

En este terreno la aportación de Edgar H. Schein, recogida en un artículo publicado en la revista Harvard Business Review bajo el título *La ansiedad del aprendizaje,* es interesantísima.

Schein es un psicólogo suizo que se forma en Estados Unidos y que hoy está reconocido como un gran experto del funcionamiento de los procesos y la cultura organizacionales, así como en el «aprendizaje transformacional», que contrapone al aprendizaje adaptativo.

En su propuesta plantea que los procesos de aprendizaje están presididos por «la paradoja de la ansiedad». Por un lado, aparece «la ansiedad del aprendizaje», provocada por el hecho de que aprender algo nuevo conlleva ansiedad para quien aprende, dado que genera miedo a fracasar. Por otro lado aparece «la ansiedad de la supervivencia», que se genera porque se comprende que hay que aprender lo que toca para seguir ahí, vivos. El «ahí» puede ser en el grupo social o en la organización.

La ansiedad del aprendizaje bloquea el cambio/aprendizaje, mientras que la ansiedad de supervivencia es necesaria para que el aprendizaje ocurra. Si queremos que el aprendizaje tenga lugar, «será necesario que la ansiedad de la supervivencia sea mayor a la ansiedad por aprendizaje».

La propuesta de Schein marca también otra vía de trabajo: cómo generar esa superioridad entre ansiedades y el estilo de liderazgo para conseguirlo. Mi observación en la práctica de la dimensión de la ansiedad del aprendizaje a la que se refiere Schein es muy variable, ya que puede moverse desde la mera apatía («qué pereza de programa de cambio») hasta el enfrentamiento más violento («por encima de mi cadáver»).

Tal y como señala Albert Ellis al explicar su propuesta de la TREC y el ciclo ABCDE como método de superación de creencias, no es el hecho A (el aprendizaje) lo que genera el perjuicio, sino la emoción C que produce ese aprendizaje en cada individuo en función de sus creencias, B, respecto a lo que supone ese aprendizaje para él.

La explicación a la graduación de esta ansiedad la he encontrado en el significado que cada individuo otorga al cambio que el nuevo aprendizaje conlleva y la repercusión que considera que tiene sobre su identidad. A mayor afectación de la identidad, mayor resistencia a aprender. Podría decirse que en estos casos la ansiedad de supervivencia se invierte y se alía con la ansiedad del aprendizaje y que entre las dos construyen una ansiedad más fuerte que inhibe por completo cualquier posibilidad de desaprender, y por supuesto de reaprender.

Lo que «invierte» el sentido de la ansiedad de la supervivencia es la consideración de que el desaprendizaje tiene tal repercusión sobre la identidad que «es peor que la muerte» porque el «abismo existencial» al que te arroja hace que la vida no merezca la pena. Cuando «la vida que no merece la pena» es la laboral, la línea roja está mucho más cerca que cuando hablamos de supervivencia física. Es decir, que estamos muy dispuestos al suicidio laboral en nuestra empresa actual porque somos muy creyentes en «una vida futura» en otras empresas donde sí se respete «nuestra identidad».

Mientras estoy escribiendo esto no puedo quitar de mi cabeza el recuerdo de uno de los procesos de cambio más complicados en los que he participado y la frase que uno de los directivos me dijo cuando se planteó la necesidad de aprender a trabajar de otra manera: «Entonces, yo, ¿ahora quién voy a ser?».

Tenía que seguir siendo él mismo. Nadie había ni siquiera pensado en moverlo de su puesto directivo; incluso había una clara sobre-tolerancia a su incompetencia generada por muchos años de «compañerismo». Lo único que cambiaba es que su trabajo debía realizarlo de manera diferente, y para eso tenía que aprender a respetar un nuevo protocolo. Y, sin embargo, él vio afectada su identidad, porque conforme a sus creencias no era posible entender su puesto directivo sin que él hiciera lo que había hecho toda su vida. Y, lo que era peor, su vida completa se veía afectada por lo que él era (o entendía que era) en su dimensión profesional. No fue posible reconducir la situación: prefirió hundirse con su barco antes que aceptar un «deshonroso» cambio de estatus, y la empresa finalmente lo despidió.

Afortunadamente no siempre ha sido así. También he tenido la oportunidad de asistir a la transformación exitosa de redes comerciales con una clara transformación de funciones, con exigencia de grandes aprendizajes e incluso con claras modificaciones observables de la identidad.

En última instancia, la clave está en recobrar la flexibilidad y la humildad. Volver a ser un niño, además de ser un anhelo vital para muchos, es una buena recomendación profesional para ser capaces de seguir aprendiendo en un entorno cambiante en el que quien no aprenda no seguirá adelante.

La cita de E. Hoffer sigue siendo todavía válida: «En tiempos de cambio, quienes estén abiertos al aprendizaje se adueñarán del futuro, mientras que aquellos que creen saberlo todo estarán bien equipados para un mundo que ya no existe».

Si creemos en esto, parece obvio que cada uno debería poner de su parte la voluntad del aprendizaje y asumir su responsabilidad en este cometido, pero también es cierto que se puede ayudar mucho en este aspecto si entendemos el aprendizaje y el cambio como un empeño colectivo.

En el trabajo del cambio colectivo la figura del líder es fundamental en el proceso de aprendizaje e incorporación de habilidades. En este terreno, la aportación de Heifetz sobre el liderazgo adaptativo es muy útil en varios aspectos, y en particular en lo que se refiere a la responsabilidad compartida entre el que enseña y el que aprende.

Hoy es indispensable entender que la necesidad de reinventarse es innegable, por lo que las creencias tendrán que cambiar y la educación tendrá que entrenarnos en nuevas prácticas, y antes que eso deberemos adquirir habilidades de gestión, porque el cambio es un gran reto, sobre todo de gestión. Lo más importante es adquirir habilidades que permitan hacer este cambio.

Convierta la capacidad de cambio en un rasgo de su perfil profesional o empresarial. Valore la importancia de continuar aprendiendo y no olvide que el recurso más importante con el que cuenta es el capital humano, el suyo propio y el de sus colaboradores.

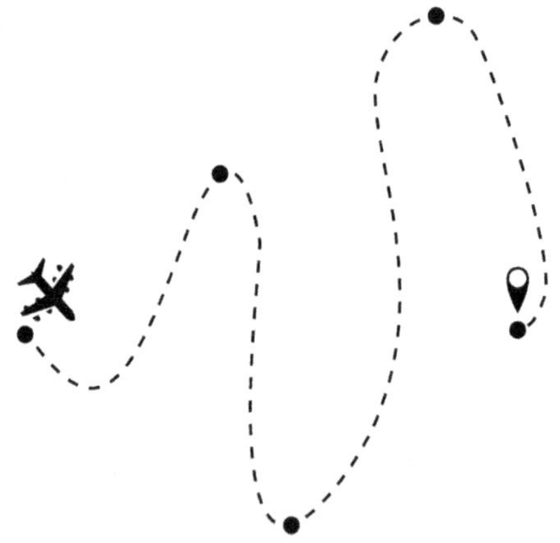

TERCERA PARTE

HERRAMIENTAS PARA CAMBIAR

«La inteligencia es la habilidad de adaptación al cambio».
STEPHEN HAWKING

1. INTELIGENCIA EMOCIONAL Y RESISTENCIAS

En términos sencillos, la inteligencia emocional puede definirse como la habilidad para reconocer y regular las emociones en uno mismo y en los demás.

En origen, el sistema emocional tenía una utilidad animal básica orientada a la supervivencia del individuo y también de la especie mediante la reproducción. En la actualidad, el desarrollo de esta habilidad aporta una serie de beneficios muy importantes en relación con el razonamiento, el aprendizaje y el cambio, entre otros aspectos.

EMOCIONES Y RAZONAMIENTO

La inteligencia emocional tiene una repercusión directa sobre el razonamiento.

El procesamiento de la información emocional permite un razonamiento más efectivo y un pensar de forma más inteligente. Las emociones y el pensamiento se auto-influyen, de modo que un pensamiento superior no puede darse sin las emociones. Aunque el cerebro emocional no es capaz de producir pensamiento analítico, sus rápidas evaluaciones, al ser integradas con la razón, nos hacen más eficaces.

Antonio Damasio, famoso neurólogo portugués destacado por su investigación sobre la mente y las emociones, señala que el sentimiento es un componente integral de la maquinaria de la razón y que el despliegue efectivo de las estrategias de razonamiento depende en gran medida de la capacidad continuada de experimentar sentimientos. En este sentido, las emociones forman parte indispensable de la toma de decisiones, influyendo en ellas según nuestro estado de ánimo, como también influyen en nuestra atención y en nuestra memoria.

En su libro *En busca de Spinoza*, Damasio presenta su hipótesis definiendo la emoción como un conjunto complejo de respuestas químicas y neuronales cuyo resultado primario es un cambio físico que se refleja en el estado del propio cuerpo y de las estructuras cerebrales que cartografían el cerebro y que son el fundamento del pensamiento. También destaca que el objetivo final de estas respuestas es propiciar que el organismo se oriente a su supervivencia y bienestar.

Las emociones son mensajes que nos preparan rápidamente para la acción, evalúan si las cosas van bien o no y nos informan al respecto.

Damasio insiste en que los sentimientos son tan mentales como los acontecimientos que desencadenaron las emociones. Todo esto nos lleva a deducir que los pensamientos que se relacionan con la emoción llegan después de que esta haya comenzado. Solo después de sentir la emoción se producen los pensamientos propios de la misma.

En la misma línea, Leslie Greenberg señala que «la emoción nos moviliza y la razón nos guía» y habla de «la emoción razonada». Este ingeniero y psicólogo sudafricano enfatiza e insiste acerca de la necesidad de alcanzar esta integración, desmontando los fundamentos históricos de la separación («el sí-mismo dividido») entre emoción y razón. Por el contrario, «la integración de emoción y razón es un todo con valor superior a las partes».

EMOCIONES Y CAMBIO

Precisamente una de las áreas en las que la inteligencia emocional ha resultado de gran interés es la relativa a la gestión del cambio, a través de la comprensión de las dificultades emocionales que conlleva un proceso de esta naturaleza y la aportación de herramientas para superar estas dificultades.

Como hemos visto, cambiar genera emociones muy fuertes de enfado y miedo, que en sí mismas resumen la contrariedad de tener que abandonar un ámbito conocido y la incertidumbre negativa de qué pasara ahora. Además, cuando el cambio afecta a colectivos, lo más frecuente en el ámbito empresarial, estas emociones se contagian generando un ambiente de máxima desconfianza y oposición al mismo, por lo que resulta de suma utilidad el conocimiento y desarrollo de las habilidades vinculadas a la inteligencia emocional. La combinación de emoción y razón nos hace más eficaces en entornos cambiantes.

En ocasiones además se produce un secuestro emocional que va acompañado de explosiones emocionales con los que se pierde el control de la situación. El cerebro emocional desencadena una reacción sin permitir que el neocórtex tenga la posibilidad de procesar lo que está ocurriendo. En esos momentos el uso de la inteligencia emocional es fundamental.

Sin necesidad de llegar a ese extremo, el cambio, como ya hemos visto, genera resistencias, y detrás de ellas siempre aparece un componente emocional; el uso de la inteligencia emocional será fundamental para gestionar y superarlas.

EMOCIONES Y APRENDIZAJE

Las emociones son fundamentales en el aprendizaje. Informan de lo que causa interés y lo que no, centran la atención en un punto y predisponen a la acción. Además, el aprendizaje cargado de emoción es el más persistente.

El que piense que su nivel de inteligencia emocional es inamovible se equivoca. La buena noticia es que la inteligencia emocional puede aprenderse.

Esto ya quedó claro cuando en 1983 Howard Gardner publicó su teoría sobre las inteligencias múltiples, la cual cuestionaba la tradicional doctrina que consideraba una única inteligencia, susceptible de ser medida mediante un coeficiente y basada principalmente en la capacidad matemática y lingüística. Gardner define, además, la inteligencia como una habilidad que, si bien es cierto que tiene un componente genético (parte innata), tiene otro adquirido en función del uso que hacemos de esa parte innata. Gardner define la inteligencia como la «capacidad mental de resolver problemas y/o elaborar productos que sean valiosos en una o más culturas». Es decir, que la inteligencia se puede aprender y hay muchas maneras de ser inteligentes.

Su aportación, de una repercusión espectacular en el mundo educativo (en 2011 recibe el premio Príncipe de Asturias de Ciencias Sociales), abre el campo de investigación y exploración a «nuevas» inteligencias.

Desde entonces hasta hoy, el desarrollo de los estudios y las aportaciones sobre la inteligencia emocional han sido imparables y afortunadamente la extensión de su conocimiento a los campos educativo y profesional ha propiciado también un avance espectacular en el mundo del trabajo.

Tradicionalmente la educación ha considerado que las emociones son una parte íntima que debe quedar fuera del ámbito de influencia de los otros, pero, a pesar de ser entrenados para ser razonables y reprimidos, la emotividad surge porque somos seres altamente emocionales. «Ser humano significa experimentar sentimientos y estados de ánimo en respuesta a la vida cotidiana» dice Greenberg. «Prestar atención a nuestras emociones nos hace crecer, son una gran fuente de creatividad. Ser solamente racionales nos limita, el exceso de control nos colapsa. Deben crearse en colegios y hogares entornos seguros propicios al desarrollo emocional».

Es probable que hayamos crecido aprendiendo a pensar o a actuar, pero no a sentir. Por eso es necesario aprender a focalizarse y a permanecer en el mundo interno emocional. Esto hace que nuestras emociones estén más disponibles a la reflexión, la clarificación, la diferenciación y la elaboración.

EMOCIONES Y RELACIONES

La inteligencia emocional tiene sus raíces en el concepto de inteligencia social (Thorndike hablaba ya de ella en 1920), por lo que algunos la consideran una parte de la misma y en concreto, aquella que «comprende la capacidad de controlar los sentimientos y las emociones propias, así como las de los demás, discriminando entre ellos y utilizando esta información para guiar el pensamiento y las acciones» (Salovey y Mayer).

El sistema emocional también nos informa sobre cuál es el estado de nuestras relaciones al referirse al grado de intimidad, el estado del vínculo, quién es importante para nosotros, qué tipo de relación vivo, y si nuestra relación está bien o, por el contrario, está perdiendo consistencia. Al mismo tiempo sirve para informar a los demás de cómo estamos.

Las relaciones son un fundamento básico del bienestar. Una magnífica investigación realizada en Harvard desde

1938 hasta nuestros días lo ha puesto de manifiesto de una manera indubitada.

El estudio agrupó a 268 estudiantes de la Universidad en Harvard y a 456 jóvenes adolescentes de un barrio de clase media de Boston. Se analizaron todos los aspectos de su vida, desde la calidad de sus matrimonios, a su satisfacción en el trabajo y sus actividades sociales. El estudio se ha repetido cada dos años, realizándose una entrevista y un chequeo de salud, y por él han pasado varios directores, siendo Robert Waldinger el actual responsable del mismo.

La conclusión es inequívoca: las buenas relaciones hacen a las personas más felices y más sanas. Aquellos que mantenían vínculos cercanos con su familia y amigos tenían niveles superiores de felicidad y salud, también mental, respecto a los que tenían los que vivían en mayor soledad, si bien lo importante no es la cantidad de relaciones sino la calidad de las mismas.

Una deficiente gestión emocional es una de las mayores fuentes de conflicto relacional y atenta contra el bienestar, tanto a nivel individual (experiencia de vida) como colectivo (relaciones-eficacia). Por el contrario, una buena gestión emocional nos hace sentirnos mejor a nivel individual y potencia nuestras relaciones, aumentando la eficacia colectiva empresa-trabajo.

COMPETENCIAS EMOCIONALES

A la vista de todo lo señalado, parece pues bastante recomendable desarrollar las competencias propias de la inteligencia emocional.

En la década de los noventa aparecen grandes aportaciones, como las realizadas por Salovey y Mayer o por Baron, pero sin duda la más popular es la realizada por Daniel Goleman, quien publica en 1995 un libro destinado a convertirse en un *bestseller* mundial en el que se difunden las grandes aportaciones realizadas por la nueva investigación científica sobre el tema.

El libro se llama *Inteligencia emocional* y en él se recogen los grandes principios de un terreno ignorado o desatendido hasta entonces: el de la capacidad de comprender y gestionar nuestras emociones y desarrollar habilidades basadas en ellas para mejorar nuestras relaciones con los demás.

Unos años después, junto a otros investigadores elabora un modelo de competencias emocionales que recoge el conjunto de habilidades que deben desarrollarse respecto a uno mismo y respecto a los demás, y que tienen dos funciones: el reconocimiento emocional y la regulación del comportamiento asociado.

En el modelo descrito por Goleman se contemplan cuatro grandes áreas y veinte habilidades o competencias. Sería estupendo que todos tuviésemos un grado de maestría en todas ellas, pero esto es difícil. Lo que no resulta nada complicado es entender su existencia y adquirir un conocimiento básico de cada una, especializándonos o profundizando más en aquellas que resulten más necesarias en cada caso.

Mi propuesta personal parte del reconocimiento de la necesidad–utilidad del autoconocimiento, por lo que creo imprescindible trabajar al menos todas aquellas competencias que hacen referencia a uno mismo. Al mismo tiempo, qué duda cabe, en procesos de cambio colectivo el entendimiento emocional de los otros proporciona una herramienta básica para mantener unas relaciones adecuadas.

	UNO MISMO	LOS DEMÁS
RECONOCIMIENTO	AUTOCONCIENCIA	CONCIENCIA SOCIAL
REGULACIÓN	AUTOGESTIÓN	GESTIÓN DE RELACIONES

Tabla 5. Áreas de competencias emocionales.

Las grandes áreas de las habilidades emocionales son:

1. *Autoconciencia emocional:* conocimiento de nuestras propias emociones y de cómo nos afectan.
2. *Autogestión emocional:* capacidad de reconocer y gestionar las emociones propias que permite no dejarse llevar por los sentimientos del momento, y también dirigir las emociones hacia un objetivo. Ayuda a mantener la motivación y fijar la atención en las metas y objetivos (automotivación).
3. *Conciencia social:* reconocimiento de emociones ajenas: reconocer y saber interpretar las señales emocionales que los demás emiten en las relaciones interpersonales.
4. *Gestión de relaciones:* control de las relaciones interpersonales (habilidades sociales): habilidades para relacionarse exitosamente con los demás independientemente de su posición, estatus y circunstancias.

Dentro de estas categorías se desarrollan y agrupan veinte competencias de la inteligencia emocional:

A. Autoconciencia emocional:
1. *Auto-conocimiento emocional*: ser conscientes de las propias emociones y reconocer su impacto; utilizar las sensaciones viscerales como guía para la toma de decisiones. Las personas que tienen una clara conciencia de sí mismas son realistas, sinceras consigo mismas y también con los demás.
2. *Auto-valoración*: conocer las propias fortalezas y debilidades y saber reírse de uno mismo.
3. *Auto-confianza*: seguridad en la valoración que hacemos de nosotros mismos y de nuestras capacidades.

B. Autogestión emocional:
4. *Autocontrol emocional*: capacidad de manejar adecuadamente nuestras emociones y sus impulsos conflictivos.
5. *Fiabilidad*: actuar de forma ética. Reconocer los propios errores y ser capaces de enfrentarnos a comportamientos no éticos por parte de los demás.
6. *Meticulosidad*: ser organizados y cuidadosos en el trabajo. Buscar acuerdos y cumplir compromisos.
7. *Adaptabilidad*: flexibilidad para afrontar los cambios y superar los obstáculos que se presenten.
8. *Logro*: esforzarse por encontrar y satisfacer criterios internos de excelencia.
9. *Iniciativa*: prontitud para actuar cuando se presenta la ocasión.
10. *Optimismo*: ver el lado positivo de las cosas.

C. Conciencia social:
11. *Empatía*: ser capaz de experimentar las emociones de los demás, comprender su punto de vista e interesarnos activamente por las cosas que les preocupan.

12. *Orientación al servicio*: capacidad para reconocer y satisfacer las necesidades de los subordinados y los clientes.
13. *Conciencia de la organización*: capacidad para darse cuenta de las corrientes, redes de toma de decisiones y política de la organización.

D. Gestión de las relaciones:
14. *Desarrollo de los demás*: saber desarrollar las habilidades de los demás mediante el *feedback* y la guía adecuada.
15. *Influencia*: utilizar un amplio abanico de tácticas de persuasión.
16. *Gestión de conflictos*: capacidad de negociar y resolver los desacuerdos.
17. *Liderazgo inspirado*: capacidad de esbozar visiones claras y convincentes que resulten altamente motivadoras. Ser capaces de inspirar y guiar grupos, articulando motivación y entusiasmo alrededor de una visión compartida. Guiar desde el ejemplo.
18. *Establecer vínculos*: buscar relaciones mutuamente beneficiosas. Fomentar y mantener relaciones.
19. *Catalizar el cambio*: alentar, promover y encauzar el cambio en una nueva dirección.
20. *Trabajo en equipo y colaboración*: cooperación y creación de equipos. Establecer vínculos cultivando y manteniendo una red de relaciones.

¿CÓMO GESTIONAR LAS EMOCIONES PARA CAMBIAR?

A continuación se presentan dos técnicas de intervención dirigidas a identificar y gestionar los problemas emocionales que pueden surgir en situaciones de cambio.

Aunque lo deseable es que estas técnicas sean desarrolladas por expertos (psicólogos o *coaches* debidamente certificados), su conocimiento por parte de los responsables del cambio no solo es útil, sino que yo diría que es fundamental para enfrentarse a las resistencias y bloqueos emocionales.

Indico que es deseable que intervengan profesionales con habilidad experimentada y contrastada por cuanto en ocasiones la dificultad del proceso puede ser alta, no solo por el proceso en sí mismo, sino por el individuo que se somete a él. En este sentido, un profesional acreditado con conocimientos en psicología y *coaching* resulta mucho más eficaz.

Pero también es útil que cualquier individuo que se enfrente a situaciones de cambio esté familiarizado con estos procesos, especialmente si tiene responsabilidades sobre otras personas sujetas a los cambios que dependen de él. Esta familiaridad con los procesos le va a permitir entender mejor la relación con los otros y consigo mismo, evitando cometer errores innecesarios y comprendiendo cuáles serán los objetivos de un profesional en el caso de que finalmente tenga que intervenir.

El plan emocional de Caruso y Salovey es más asequible y está más orientado al mundo de la empresa que el proceso emocional básico de Greenberg, aunque bien es cierto que este es más completo y profundiza más en el problema de las emociones encubiertas, siendo más útil para el tratamiento de las resistencias.

PLAN GENERAL EMOCIONAL DE CARUSO Y SALOVEY

Caruso y Salovey elaboran y publican en su libro, *El directivo emocionalmente inteligente*, esta técnica sencilla pero completa para desarrollar personalidades orientadas a la gestión emocional. Peter Salovey y David R. Caruso, ambos de la Universidad de Yale, forman parte de uno de los más pioneros y prestigiosos equipos de investigación en inteligencia emocional y son coautores de uno de los tests más extendidos en el ámbito de la inteligencia emocional, el MSCEIT.

Su propuesta se basa en el desarrollo de técnicas asociadas a lo que ellos consideran las cuatro aptitudes básicas de la inteligencia emocional:

1. *Leer en los demás*: mejorar la capacidad para identificar las emociones.

   Ser conscientes de nuestros propios sentimientos es un paso imprescindible para saber identificarlos en los demás. Para desarrollar la capacidad de identificación de las emociones en los demás es necesario prestar atención a tres tipos de indicios emocionales: la expresión facial, la entonación y el tono de voz y, en tercer lugar, el lenguaje corporal.

2. *Adoptar el estado de ánimo adecuado*: mejorar la capacidad para utilizar las emociones.

   Puesto que las emociones influyen en el pensamiento, dependiendo de la emoción tendremos un tipo de pensamiento. Podemos cambiar y adecuar nuestro estado de ánimo y con ello conseguir el tipo de pensamiento que necesitamos en un momento dado.

3. *Predecir el futuro emocional*: mejorar la capacidad para comprender las emociones. La mejor manera de comprender las emociones es comenzar por uno mismo, y tareas como un diario emocional pueden ayudar a ello. Además, es imprescindible un rico vocabulario de sinónimos y gradientes de intensidad de una misma emoción que permitan describir con gran precisión qué se está sintiendo.

Si tenemos un conocimiento profundo de las causas de las emociones y su posible evolución en función del contexto, podremos predecir qué es lo que ocurrirá en determinada situación y cómo evitarlo o minimizarlo.

El estado de ánimo es algo más impreciso y que lo impregna todo con una sensación vaga y envolvente. La emoción es algo más puntual y fácilmente identificable que nos aporta mucha información.

El estado de ánimo influye en la emoción, en el sentido de que dependiendo de cuál sea el primero será más o menos fácil que se nos dispare una emoción u otra. Por tanto es fundamental conocer cuál es nuestro estado de ánimo predominante o estilo temperamental.

4. *Actuar movidos por el sentimiento*: mejorar la capacidad para manejar las emociones.

Para poder manejar las emociones es importante tener cierto control inicial sobre ellas. No minimizar los sentimientos ni tampoco exagerarlos. Incluir información lógica y racional con datos emocionales para tomar una decisión óptima.

PROCESO EMOCIONAL BÁSICO DE GREENBERG

Leslie Greenberg es un ingeniero sudafricano que evolucionó, personal y profesionalmente, hacia la psicología, siendo reconocido como uno de los promotores y principales representantes de la Terapia basada en las Emociones (EFT).

En su libro, *Emociones: una guía interna,* propone un sistema de trabajo orientado al reconocimiento y gestión de las emociones.

Aunque la obra puede ser en algunos apartados de difícil comprensión, pues exige una lectura detenida, en el plano práctico cobra una utilidad general para todo el colectivo humano interesado en conocerse emocionalmente a sí mismo y facilitar el entendimiento de los demás.

La teoría que elabora Greenberg de la inteligencia emocional se basa en ocho principios fundamentales incorporados en dos fases:

Fase 1. Acceder a tus emociones

1. *Ser consciente de tus emociones*: establecer contacto con nuestras sensaciones y prestar atención a la intensidad, cualidad y forma real de esas sensaciones para ayudarnos a sentirlas corporalmente. También tenemos que estar atentos a los pensamientos que acompañan esas sensaciones.

2. *Dar la bienvenida a tu experiencia emocional*: es necesario que nos permitamos sentir la experiencia emocional; para ello hay que darle la bienvenida a la emoción, detenerse en ella y dejar que llegue a nosotros. Es importante reconocer que sentir algo representa una oportunidad para recoger información necesaria para nuestro bienestar.

3. *Describir tus emociones con palabras*: poner nombre a la emoción. Al ser capaz de ponerle con palabras un nombre al sentimiento, se produce un acto de separación con él. Ya no se trata de algo que somos, sino de algo que estamos sintiendo, dejando de ser víctimas pasivas del sentimiento para convertirnos en agentes activos.

4. *Identificar tu experiencia primaria*: es conveniente que observemos constantemente nuestras reacciones emocionales para distinguir si se trata de sentimientos centrales o si son emociones secundarias que ocultan la principal.

5. *Evaluar si un sentimiento primario es saludable o no*: una vez hemos identificado nuestros sentimientos centrales, tenemos que preguntarnos: «¿este sentimiento es sano o no lo es?». Si son saludables, deberemos utilizarlos como guía para la acción. Si no lo son, será necesario cambiarlos.

Fase 2. Salir del lugar emocional al que has llegado

6. *Identificar los pensamientos destructivos que acompañan a la emoción desadaptativa*: nuestros sentimientos desadaptativos van acompañados siempre de pensamientos que son agresivos con nosotros mismos o que culpan a otras personas. Es necesario que identifiquemos el patrón destructivo de pensamientos que acompaña a nuestros sentimientos no saludables para poder cambiarlos.

7. *Encontrar emociones y necesidades adaptativas alternativas*: sentir nuestros sentimientos desadaptativos e identificar nuestros pensamientos destructivos nos ayuda, paradójicamente, a encontrar un lado más saludable de nosotros mismos porque nos facilita descubrir lo que necesitamos.

Una vez hemos identificado nuestros sentimientos, tenemos que reconocer nuestras necesidades, porque identificar lo que necesitas es una de las mejores formas de comenzar un nuevo proceso más saludable.

8. *Transformar la emoción desadaptativa y los pensamientos destructivos*: ahora estamos en posición de cambiar. Este paso implica emplear una emoción para cambiar otra emoción. Solamente a través de la experiencia de la emoción saludable se puede curar la emoción no saludable. No se puede hacer este proceso racionalmente, hay que sentirlo.

El autor identifica en este proceso dos «momentos cruciales»:

- Identificar la emoción central: «reconocer la emoción primaria es un arte, pero también una habilidad que se puede aprender».
- Evaluar un sentimiento: adaptativo o desadaptativo. Tomar conciencia de los sentimientos primarios.

La dificultad de gestionar estos dos momentos cruciales del proceso apoya la conveniencia de recurrir al apoyo profesional en circunstancias complicadas.

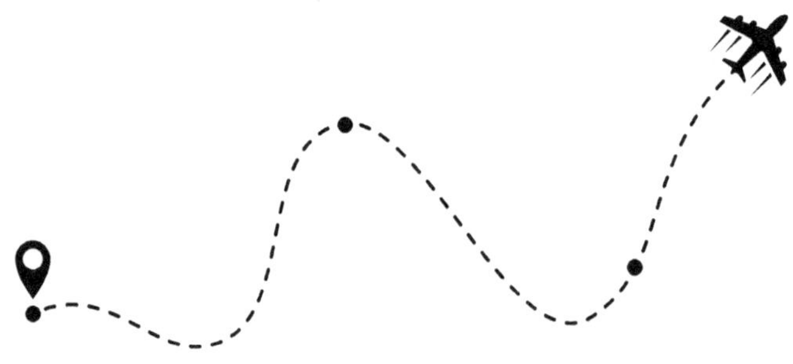

2. PSICOLOGÍA POSITIVA
Y HORIZONTES

La psicología positiva puede definirse como el «estudio científico del funcionamiento óptimo de las personas y organizaciones», tal y como señala Martin Seligman, uno de sus principales impulsores. A diferencia de la corriente psicológica tradicional, el objetivo no es remediar los déficits sino impulsar las fortalezas de los individuos.

Es decir, esta nueva corriente científica, también llamada la «ciencia de la felicidad», se centra en el desarrollo de lo positivo. Ya no se trata de no estar mal, sino de estar bien al máximo nivel posible. Su vocación es promover los caminos necesarios para alcanzar la felicidad, y su fin último, tal y como señala Carmelo Vázquez, no es sino integrarse en una perspectiva holística de la psicología que estudie tanto lo negativo, para repararlo, como lo positivo, para facilitar un mejor bienestar de individuos y organizaciones.

Su implantación en el ámbito internacional ha sido muy rápida. En el año 2003, el término psicología positiva es aceptado por la Asociación de Psicología Americana (APA) como una «aproximación a la psicología que enfatiza el optimismo y el funcionamiento humano óptimo en lugar de focalizarse en la psicopatología y la disfunción». En 2004 se crea el primer Máster Internacional de Psicología Positiva Aplicada (MAPPA) y en 2011 surge la Sociedad Española de Psicología Positiva (SEPP), desarrollándose un creciente número de investigaciones científicas en este campo.

El interés que ha despertado es indiscutible. Su primera publicación comercial de referencia, *La auténtica felicidad*, escrita por Seligman, se ha convertido en un *bestseller* y la página web con el mismo título gestionada desde la Universidad de Pennsylvania es un referente de primer orden en el campo de las nuevas corrientes psicológicas.

También la movilización de detractores así lo demuestra, aunque lo cierto es que son mayoría los respaldos científicos a esta corriente. Las investigaciones sociales, desarrolladas por numerosos profesores universitarios de reconocido prestigio, son abundantes y de difícil cuestionamiento.

En España, en los últimos años a nivel educativo se han puesto en marcha diversos programas orientados al aprendizaje desde la psicología positiva. Quizás uno de los más destacados y de los más pioneros sea el coordinado por Ricardo Arguis con el proyecto «Aulas Felices», que aporta un conjunto de recursos amplio y flexible con más de 300 actividades para trabajar en las aulas con alumnos de entre tres y dieciocho años.

Elaborado por el Equipo SATI, un grupo de trabajo con sede en Zaragoza, su propósito es facilitar la máxima difusión de estos recursos, por lo que su distribución es libre y totalmente gratuita siempre que se realice sin fines comerciales y se cite la fuente original.

La primera edición de esta obra fue publicada en Internet en octubre de 2010 y desde entonces «Aulas felices» ha logrado una gran difusión y un reconocimiento a nivel internacional por parte de la comunidad científica y de profesionales del ámbito educativo. El programa ha sido presentado en gran cantidad de foros y eventos, ha sido incluido como manual de referencia en programas de formación de universitarios, másteres y doctorados por parte de diversas universidades españolas y extranjeras, y existe un número creciente de centros educativos en todo el mundo que lo usan en el trabajo con alumnos de Educación Infantil, Primaria y Secundaria en diversas Comunidades Autónomas, y también en otros países, principalmente de habla hispana. Además, en la actualidad hay varias investigaciones en marcha para validar experimentalmente su eficacia.

En cualquier caso, en lo relativo a la gestión del cambio, los trabajos de la psicología positiva alcanzan una utilidad indiscutible por varios de los temas abordados, que repercuten tanto en el individuo que se enfrenta al cambio como en la organización que se ve afectada por los cambios.

La primera gran aportación se centra en el trabajo relativo a las fortalezas. Más allá de las veinticuatro modalidades de fortalezas que reconoce y de las seis virtudes en las que las agrupa, lo más interesante es el concepto y su repercusión. A partir del reconocimiento de que todos tenemos fortalezas, Seligman y Peterson apuestan por trabajar apoyados en ellas en vez de en intentar transformar nuestras debilidades. Aún más; el trabajo sobre las auténticas fortalezas cobra sentido, no solo en situaciones de bonanza, sino también y especialmente en situaciones de adversidad, escenario característico de la mayor parte de los cambios. Es decir, que identificar nuestras fortalezas y trabajar sobre ellas, no solo nos permite alcanzar éxitos en el presente sino prepararnos para adversidades en el futuro.

En este punto, los trabajos científicos de Barbara Fredrickson sobre la función de las emociones positivas aportan un puntal de rigor sobre el fundamento científico de la propuesta, y el hecho de que el Ejército de los Estados Unidos haya decidido incorporar un programa de preparación en resiliencia para suboficiales indica la utilidad de trabajar en esta dirección.

La segunda gran aportación se refiere al juicio sobre la incertidumbre. Siendo esta la característica más poderosa del cambio (y fuente de la mayor parte de temores), el enfoque optimista o pesimista en base al cual se elabore el juicio sobre el «qué pasará» es determinante. En este punto, Seligman no se limita a efectuar un análisis descriptivo del eje optimismo-pesimismo, sino que aporta un método de trabajo para fomentar el optimismo a través del cuestionamiento cognitivo de las creencias negativas. El modelo, denominado ACCRR, concluye con un impulso revitalizador que permite trabajar en el cambio desde una postura interior de alcance realista al haber eliminado predisposiciones irracionales invalidantes del tipo «saldrá mal seguro».

Finalmente, la tercera gran aportación se centra en el estudio diferencial de lo que Seligman llama la «orientación laboral». Distingue tres tipos de enfoque basados en el modelo de recompensa; así, mientras el enfoque «trabajo» se mueve básicamente por la compensación económica, el enfoque «carrera» busca más el prestigio/poder asociado al ascenso sociolaboral, y finalmente el enfoque «vocación» persigue la satisfacción en sí misma. Este último enfoque, no solo produce mayor bienestar en el individuo, sino que en beneficio de la organización aumenta la productividad, la fidelidad institucional y la creatividad, convirtiéndose en un motor de crecimiento continuo.

De este modo, y en línea con el concepto de flujo (*flow*), abre la puerta a organizaciones orientadas a buscar la vocación de cada empleado desde la gestión de sus fortalezas. Este sistema, que él reconoce como de «victoria-victoria» (empresa y trabajador ganan), constituye la base de integración de los equipos en los nuevos espacios que surgen en situaciones de cambio y actúa como la luz de un faro que conduce a cada uno a buscar la mejora que el cambio representa para sí mismo.

A partir de las aportaciones iniciales, que el propio Seligman cuestiona y revisa, tal y como manifiesta en *La Vida que florece*, su segundo libro, se han abierto numerosas vías de trabajo, algunas de las cuales entroncan directamente con el mundo de las organizaciones y son también de gran utilidad en la gestión del cambio. Las analizaremos a continuación.

PSICOLOGÍA POSITIVA Y CAMBIO ORGANIZACIONAL

Teniendo en cuenta que gran parte de nuestra vida consciente (descontados los periodos de sueño) se desarrolla en el ámbito laboral, parece lógico intentar elevar al máximo los niveles del bienestar en el área del trabajo.

En este sentido, el traslado de los enfoques de la psicología positiva al terreno específico de la empresa tiene también una aplicación práctica en la gestión de los recursos humanos en situaciones de cambio.

A finales del siglo XX había surgido la psicología de la salud ocupacional asociada al conjunto de profundos cambios que se producen en las sociedades modernas, y desde el convencimiento de la necesidad de gestionar dichos cambios adecuadamente para evitar organizaciones enfermas o tóxicas.

El objetivo base era aplicar la psicología a la mejora de la calidad del trabajo y a la protección y promoción de la seguridad, la salud y el bienestar de los trabajadores. Su vocación no es solo la de ser una disciplina científica, sino tener también una aplicación práctica en la gestión de recursos humanos.

Esta disciplina también se ve afectada por los desarrollos de la nueva corriente y ya en este siglo empieza a hablarse de la psicología ocupacional positiva como el «estudio científico del funcionamiento óptimo de las personas en el trabajo, cuyo objetivo es optimizar la calidad de vida en las organizaciones».

En este sentido, la psicología ocupacional positiva supone por primera vez un cambio de enfoque (no sustitutivo sino complementario) hacia los rasgos positivos del individuo en el trabajo, encaminando sus esfuerzos a determinar qué es lo que hace que una organización sea saludable, y facilitando, tal y como expresa Marisa Salanova, la transformación del trabajador *Homo laborens* (hombre que trabaja) al *Homo faber* (hombre que crea).

Desde esta perspectiva, una organización saludable asume la salud psicosocial de sus empleados como un valor estratégico y trabaja de manera sistemática en esta dirección, promoviendo ambientes de trabajo en los que las personas desean trabajar.

En la medida en que ese entorno fomentará la dedicación positiva en el trabajo, cada individuo podrá también desarrollar su motivación intrínseca al satisfacer sus propias necesidades de bienestar, en un claro proceso de «*win-win*» que genere «espirales de ganancia» que actúe en beneficio de ambas partes, organización y trabajador.

Se trata de un escenario altamente positivo para generar un contexto de afrontamiento del cambio desde la normalidad y la habitualidad, al posicionar el propio proceso de cambiar dentro del reto positivo de cada trabajador y entenderlo como una oportunidad de desarrollo y satisfacción personal.

La llamada de atención sobre este asunto ha tenido respuesta en la estructura empresarial más puntera y vanguardista, y compañías como Google se han puesto directamente a la tarea. No es una excepción. El ritmo de incorporación a este proceso es tal que ya existen «sistemas de medición» al respecto. La consultora norteamericana Great Place to Work es un buen ejemplo. Especializada en recursos humanos, *coaching* de liderazgo y formación de la confianza en la organización, acumula más de veinticinco años de investigación a partir de los datos recogidos a través de su método de medición (índice de confianza), aplicado a más de diez millones de personas al año en todo el mundo.

Desde hace dieciocho años evalúa mediante encuestas a trabajadores las diferentes compañías mundiales clasificando a estas en un *ranking* por la preferencia a trabajar en ellas, atendiendo a conceptos diversos, entre los que destacan los relacionados con aspectos que entroncan directamente con actitudes como las antes señaladas. Estos resultados se publican en Fortune 100 y son accesibles a todo el mundo. Quizás obtenga en esas publicaciones algo que le haga pensar. Personalmente encuentro ahí gran parte de la explicación a por qué esas empresas han superado mejor que otras muchas las crisis y cómo han gestionado los cambios.

EL OPTIMISMO, PIEZA CLAVE EN EL CAMBIO

Respecto al optimismo, los desarrollos académicos y las investigaciones efectuadas desde la psicología positiva ponen claramente de manifiesto su papel facilitador en los procesos de cambio.

Desde la perspectiva de la psicología positiva, el optimismo se ha definido como la tendencia a esperar que el futuro depare resultados favorables.

Bajo este punto de vista, en cierto modo parece que se trata de una dimensión de la personalidad más bien estable y que además tiene efectos positivos sobre la salud, al ofrecer mayor resistencia a los efectos del estrés y las enfermedades.

Su vinculación con la gestión de los cambios aparece apoyada en la característica intermediadora del optimismo. Según señalan M.D. Avia y Carmelo Vázquez, se está empezando a demostrar que el optimismo es un factor moderador o intermedio de otros, ya que sirve como elemento motivador de las conductas que promueven el cambio y la acción humana.

La esperanza —que en alguna medida (mayor o menor) existe en todos los seres humanos— es entendida como una motivación que constituye la base del desarrollo, en cuanto expectativa de alta probabilidad (no matemática) de que las cosas vayan bien.

En este sentido, el optimismo juega un papel fundamental durante toda la vida y es fuente del desarrollo social. Desde la aventura de empezar a andar, pasando por aspectos habituales como el matrimonio, la paternidad y, no tan habituales como las exploraciones de navegantes o las investigaciones científicas, el optimismo es clave en el juicio del resultado esperado en situaciones de incertidumbre.

Y cambiar conlleva un alto grado de incertidumbre. La valoración del resultado del cambio es difícil de controlar totalmente, de modo que una visión optimista o pesimista puede hacer ver el cambio como una oportunidad o, por el contrario, como una amenaza. Aquí radica la mayor importancia del optimismo en la gestión del cambio, siempre que no se mueva en los límites de la temeridad. Es decir, en la medida que pueda hablarse de él como «optimismo inteligente», entendido como una expectativa de algo con probabilidad (mayor o menor) de suceder y no como una sensación de inmunidad o un idealismo irrealista.

Pero además de su naturaleza disposicional, el optimismo puede aprenderse. En cuanto actúa como «creencia positiva» puede ser cambiada y reconstruida. De ese modo hablaríamos de un optimismo aprendido junto a un optimismo disposicional.

Puesto que existe una relación directa entre optimismo y bienestar, la psicología positiva se ha esforzado en desarrollar programas de intervención para el aprendizaje del optimismo, y en este aspecto el reconocimiento del valor y la utilidad positiva del optimismo para alcanzar la felicidad y el bienestar es general entre los principales representantes de esta disciplina.

Peterson y Seligman (2004) lo incluyen como una de las veinticuatro fortalezas del carácter y han demostrado su repercusión sobre la salud. Lyubomirsky (2008) lo señala como una de las doce vías para alcanzar la felicidad, y Marujo (2003) se refiere a él como pilar del desarrollo educativo y el bienestar en el aula.

Para el aprendizaje del optimismo varios autores han señalado la utilidad del establecimiento de metas, apoyados por diferentes investigaciones. M.D. Avia y Carmelo Vázquez (1998) señalan que ponerse metas y comprometerse con ellas ayuda al bienestar y posibilita el desarrollo del optimismo siempre que las metas sean alcanzables (ni demasiado fáciles ni demasiado difíciles) y con un sentido que las dote de valor para cada uno.

«ENGAGEMENT» Y CAMBIO

El enfoque del *engagement* es postulado por Salanova y Schaufeli en 2009. Entienden el mismo como un estado mental positivo en el trabajo que implica vigor, dedicación y absorción.

El vigor (componente conductual) se caracteriza por altos niveles de energía y resistencia mental, la dedicación (componente emocional) hace referencia a una alta implicación laboral, y la absorción (componente cognitivo) se manifiesta en un elevado grado de concentración en lo que se está haciendo. El componente conductual energético representa la antítesis del agotamiento propio del *burnout* (el sentirse quemado en el trabajo), el componente emocional está asociado al sentimiento de identificación, y el componente cognitivo hace que el trabajador sienta volar el tiempo, sin percatarse siquiera de ello, en la línea del pensamiento *flow* descrito por Mihaly Csikszentmihalyi, otro de los grandes referentes del movimiento de la psicología positiva.

El trabajador que se encuentra en este estado establece una conexión con su trabajo que le hace percibirlo como un reto más que como una carga.

De acuerdo con esta teoría, los empleados *engaged* interpretan su situación laboral de forma positiva, no se sienten amenazados por un mejor desempeño de compañeros y no se detienen en los fallos y errores que cometen. Desde el punto de vista de la gestión del cambio, aunque aún no existen pruebas científicas que lo avalen, es evidente que el empleado *engaged* se encuentra en un estado óptimo para afrontar los desafíos de un proceso de transformación.

INTERVENCIONES PARA INCREMENTAR EL «ENGAGEMENT»

Marisa Salanova define un catálogo de actividades positivas que favorecen el desarrollo del *engagement*. Algunas de estas actividades les incumben directamente a los trabajadores y otras forman parte del ámbito específico de gestión de la empresa.

Respecto a las primeras, y aunque evidentemente estas actividades le competen a cada persona, la organización también puede desempeñar un papel importante en su desarrollo, favoreciendo su acceso y promocionando su práctica.

La promoción de intervenciones en esta línea debe considerarse complementaria al mantenimiento de intervenciones de prevención, por ejemplo respecto al *engagement* y al *burnout* respectivamente, por cuanto ambas situaciones «no son caras de una misma moneda, sino que son dos monedas».

Estas intervenciones son aplicables a toda la plantilla y requieren un mayor compromiso por parte de la organización, y deberían incluirse en el programa de gestión integral del cambio en orden a una mejor implantación del mismo.

Cuando el *engagement* adquiere una dimensión social y contagiosa, la autoeficacia colectiva coincide con un mayor *engagement* individual. El contagio emocional en el *engagement* se produce de modo similar al de las emociones positivas y en base a esto puede hablarse de un «*engagement* colectivo» que repercute en un mejor desempeño organizacional global y también en la mejora del clima social en el trabajo.

Intervenciones individuales

La propuesta de los autores identifica tres tipos de actividades, conductuales, cognitivas y volitivas, que agruparían las siguientes intervenciones:

CUIDADO DE LA MENTE Y EL CUERPO	1. Actividad física 2. Descanso 3. Meditación 4. Simulación de felicidad
LA PRÁCTICA DE LAS VIRTUDES	5. Identificación y uso de las propias fortalezas 6. Ser amable con los demás 7. Expresar gratitud 8. Aprender a perdonar 9. Practicar la espiritualidad
FORTALECIMIENTO DE LAS REDES SOCIALES	10. Intercambio de experiencias positivas 11. Cuidado de las redes sociales

Tabla 6. Intervenciones basadas en la modificación de la conducta.

GENERACIÓN Y ENSA-YO DE PENSAMIENTOS POSITIVOS	1. Contar lo positivo 2. Cultivar el optimismo 3. Saborear la vida
TOMA DE DECISIONES	4. Satisfacer en lugar de maximizar 5. Evitar las rumiaciones 6. Evitar comparaciones sociales

Tabla 7. Intervenciones basadas en actividades cognitivas.

ESTABLECIMIENTO DE METAS PERSONALES	Los objetivos intrínsecos son gratificantes en sí mismos y producen más *engagement* que los objetivos extrínsecos, que se persiguen por obtener recompensas externas
BÚSQUEDA DE *FLOW*	El *flow* se produce cuando hay un equilibrio entre los retos y las competencias al realizar una actividad determinada
RESILENCIA	Desarrollo de estrategias de afrontamiento (dar recursos al individuo para hacer frente a las demandas estresantes)

Tabla 8. Intervenciones basadas en las motivaciones.

Estas intervenciones, para tener éxito deben cumplir cuatro criterios:

1. Ajuste adecuado entre la persona y la actividad
2. Esfuerzo (por iniciar y por mantener)
3. Contrarrestar la adaptación hedónica mediante la alternancia
4. Búsqueda de apoyo (práctico y emocional) en los demás

Además, hay que considerar si las intervenciones por su propia naturaleza son adecuadas para el lugar de trabajo o hay que realizarlas en el tiempo libre.

Intervenciones organizacionales

Parece muy recomendable que la organización, no solo favorezca el desarrollo de intervenciones a nivel individual, sino que desarrolle sus propias estrategias para mejorar el *engagement* a nivel colectivo.

SELECCIÓN Y EVALUACIÓN DEL PERSONAL

Proceso de reclutamiento y selección. El contrato psicológico

DISEÑO Y CAMBIO DE PUESTO DE TRABAJO

(Re) Diseño de trabajo, la rotación, recolocación y cambios temporales

LIDERAZGO Y RELACIONES INTERPERSONALES

Un buen líder debería combinar tanto una orientación a la tarea como a aspectos socioemocionales. El liderazgo transformacional. La gestión de la diversidad, relaciones interpersonales, intentando potenciar la confianza entre las personas.

FORMACIÓN Y DESARROLLO DE CARRERA

Aumento en las creencias de eficacia de los trabajadores, así como la creencia de que lo que han aprendido puede ser utilizado en su día a día laboral. Plan de desarrollo de carrera, que especifique los objetivos últimos y qué se espera de él.

Tabla 9. Intervenciones organizacionales.

El modelo de Demandas y Recursos Laborales de Bakker y Demerouti constituye un buen referente para entender lo que produce el cambio en las organizaciones.

De acuerdo con este modelo hay dos tipos de características que aparecen en cualquier trabajo: las demandas laborales, que exigen un esfuerzo y llevan asociado un coste (físico, mental o emocional) asociado a su realización, y los recursos laborales, que son las características funcionales (herramientas) para la consecución de los objetivos y que reducen las demandas y estimulan el crecimiento, el aprendizaje y el desarrollo.

Las demandas pueden actuar como estresores y promover respuestas negativas como el *burnout*. Pueden ser mentales, emocionales o físicas, y actuar en el ámbito de la organización o en la relación trabajo-familia.

Los recursos laborales, si son inadecuados o insuficientes también pueden actuar de modo negativo como estresores, pero al mismo tiempo tienen el potencial de incrementar el *engagement* en el trabajo.

Además, no son solo los recursos laborales específicos los que actúan de manera positiva, sino también los recursos personales, entendidos como aquellas características positivas de las personas que pueden amortiguar el efecto de las demandas, siendo también fuente de crecimiento y desarrollo personal. Diferentes estudios han confirmado la vinculación entre ambos tipos de recursos y la capacidad predictiva de los recursos personales respecto al éxito en los retos futuros.

En el ámbito de la consultoría (la consultora Gallup fue quien utilizó por primera vez su propio concepto de *engagement* a finales de los 90), las empresas son concluyentes respecto a la conveniencia, incluso financiera, de trabajar este concepto en el ámbito empresarial.

En conclusión, desde el punto de vista de la gestión del cambio, introducir la cultura del *engagement* como base para afrontar los desafíos de un proceso de transformación es algo de indiscutible valor, por lo que las intervenciones que generen un mayor *engagement* son, en este sentido también, deseables para favorecer los procesos de cambio.

3. COACHING Y CREENCIAS

En las últimas décadas se ha desarrollado un método de trabajo denominado *coaching* que ha sido considerado por algunos como una disciplina propia, mientras que para otros se trata de una actividad integrada en el ámbito de la psicología. Su empleo se ha demostrado altamente eficaz en muchas áreas, tanto a nivel personal como profesional.

Por desgracia, en la actualidad, si hay un concepto profesional deteriorado, es este. Todo es *coaching* y todo el mundo es *coach*. La utilización de los términos ha sido extraída de su auténtica dimensión y ha caído en manos de todo aquel que ha estimado útil adjudicarse el título profesional de *coach* o llamar *coaching* a lo que hace, lo cual la inmensa mayoría de las veces, por muy válido que sea lo que se hace, no tiene nada que ver con lo que realmente es el *coaching*.

En su auténtica esencia, y más allá de este uso indebido, el *coaching* es una actividad profesional de inestimable valor para mejorar el rendimiento y el bienestar de las personas, siempre que se respeten los parámetros definidos para su ejercicio, ya sea por los diferentes organismos internacionales que se han preocupado de regularlo profesionalmente, o por los colegios profesionales interesados en controlar esta actividad, esencialmente vinculados con la psicología.

En este sentido, hoy en día, tanto entes públicos como privados han elaborado estándares del ejercicio profesional que comparten, con independencia de sus diferencias, un respeto escrupuloso por el método y por la libertad de los sujetos que se someten al proceso (los *coachees*).

Las universidades también están desarrollando programas de formación específicos y a nivel mundial la asociación ICF ha adquirido un respeto profesional muy alto.

El fenómeno del *coaching* debe entenderse a partir de su origen deportivo con Timothy Gallwey (1986). Este educador-entrenador identificó el concepto del «oponente interior» que habitaba en el individuo y le impedía liberar su potencial de crecimiento y mejora.

Desde ese concepto, y recuperando la filosofía de Sócrates, reconoce más fuerza a los impedimentos internos que a los externos y da contenido al *coaching* como un proceso dirigido por un profesional (*coach*) orientado a ayudar a la persona a aprender en lugar de enseñarle.

Su salto al mundo empresarial se produce poco después, integrándose en las propias cualidades directivas (de «gerencia») y uno de sus promotores principales, Sir John Whitmore, define su utilidad sobre la base de poder facilitar la confianza del individuo en sí mismo, así como para desarrollar sus habilidades. En su planteamiento, el *coaching* es un proceso socrático dirigido a explotar el potencial del individuo a través de la conciencia y la responsabilidad.

La conciencia —como producto de la atención, la concentración y la claridad—, es un factor crucial en el desarrollo de las habilidades, en cuanto permite el conocimiento individual de lo que sucede en el exterior y de lo que siente y se experimenta en el interior.

La responsabilidad, como aceptación libre de una opción propia, se constituye como el otro elemento crucial en el desempeño de una actividad y en el desarrollo de las habilidades del *coaching*, que exige libertad de elección y acción, y superar el miedo y la culpa. Si la responsabilidad se asume y se siente como algo propio, el compromiso aumenta, y con él el desempeño.

El *coaching* lleva a pensar en el trabajador en términos de su potencial futuro en vez de en su desempeño actual, creyendo que lo mejor de la persona está dentro de ella, y el objetivo es adoptar una perspectiva optimista que permita «sacar» la capacidad latente y oculta de la gente, superando el universal obstáculo del miedo al fracaso.

COACHING Y CAMBIO

Su entronque con la gestión del cambio es por tanto evidente con carácter general y en particular por su inmensa utilidad en el cambio de creencias y en la superación de resistencias. Los modelos mentales están profundamente arraigados y condicionan nuestra manera de observar el mundo y, en consecuencia, también nuestra manera de actuar en él.

En este sentido, Leonardo Wolk, otro referente del *coaching,* en este caso en su vertiente ontológica, identifica al *coaching* como un «proceso de aprendizaje transformacional», en el que el *coach*, en cuanto director del proceso, se convierte en un facilitador de dicho aprendizaje generando una invitación a cambiar, a revisar los modelos y a pensar de manera distinta.

Para cambiar los modelos es preciso aprender a pensar de una manera diferente, lo que implica «modificar la postura del observador». El proceso de *coaching* es, en este sentido, un «proceso de aprendizaje a través del cual transformamos el tipo de observador que somos».

Desde esta visión, el *coaching* se denomina ontológico porque afecta al «sentido del ser», en cuanto construye a la persona, superando por tanto el mero concepto de técnica o herramienta para conseguir un fin concreto.

Asimismo, existe una gran vinculación con la PNL (Programación Neurolingüística), a la que O'Connor consideraba como «hecha a medida del *coaching*». Este *coach* y formador profesional de reconocido prestigio identifica el «hábito» como el principal enemigo del cambio, y la necesidad, para progresar, de un «cambio de dirección» en el que el «*coach*» se ocupa de mostrar el camino que se recorre y las opciones posibles y ayuda a tomar «una nueva dirección y a persistir en el cambio». «Si quieres comprender, actúa», es también su lema. Todo *coaching* que no genere un nuevo comportamiento es inútil.

De lo visto hasta ahora se deduce la necesidad —y al mismo tiempo la importancia— de una alta cualificación del *coach*, que debe desarrollar su maestría en una serie de competencias básicas: observar, escuchar, preguntar y dar *feedback*.

El *coach* profesional se reconoce en el ejercicio de una escucha activa y reflexiva, desde el respeto hacia el otro como un legítimo otro, sin dar consejos, ni decir al *coachee* qué hacer, ni cómo debe ser o actuar, sin presionar ni formular interpretaciones psicoanalíticas. Las preguntas han de guardar un equilibrio justo entre la indagación y el interrogatorio que podría bloquear al *coachee*. Su actitud debe ser empática, validando la opinión o emoción del *coachee*, aun sin estar de acuerdo, y ayudarlo a reestructurar su creencia. Mediante el *feedback*, el *coach* hace sentir al *coachee* lo que ha dicho, recapitulando, parafraseando y describiendo de modo objetivo y sintético lo que ha percibido de lo que él ha manifestado.

El proceso, que puede iniciarse por petición de la empresa, de la persona o bien por una oferta del *coach*, suele durar entre cinco y diez sesiones de entre cincuenta y noventa minutos y la estructura del proceso suele ser la siguiente, tal y como señala Wolk en *El arte de soplar brasas*.

- *Paso 1. Introducción o apertura. Generación de contexto. Contrato*

  El *coach* invierte tiempo en generar un contexto adecuado basado en la confianza, la autoridad, el compromiso de confidencialidad, el permiso del *coachee*, acuerdos de respeto mutuo, etc. La confianza se basa en el reconocimiento en el *coach* de honestidad y «competencia», en cuanto capacidad profesional suficiente.

- *Paso 2. Acordar objetivos de proceso. Fijar metas*

  Se trata de definir desde ese contexto el problema («la brecha», en términos de Wolk) sobre el que se va a trabajar y el objetivo del proceso (lo que se quiere conseguir).

- *Paso 3. Explorar la situación actual*

  Tomar conciencia de lo que está ocurriendo y observarlo en todos sus detalles para descubrir por qué «eso» que le ocurre al *coachee* es un problema para él, investigando los supuestos que subyacen en sus juicios y opiniones.

- *Paso 4. Reinterpretar brechas interpretativas*

  Profundizar en la comprensión e interpretación de lo que ocurre, invitando al *coachee* a asumir responsabilidad, ayudándolo a transformar sus juicios automáticos en explicaciones responsables. Se trata de contar la historia como protagonista (no como víctima) de forma que comprenda desde sí mismo que eso no es lo que pasa, sino que es su interpretación de lo que pasa.

- *Paso 5. Diseñar acciones efectivas*

  Una vez el *coachee* se reconoce como parte involucrada de su situación, es el momento de que expanda su capacidad de acción, desplazándose hacia una forma de ser diferente. Aquí el *coachee* asume que el pasado no se puede cambiar pero sí se puede intentar diseñar el futuro. Se trata de hacer una selección de aquellas alternativas que él considera que más le convienen, que más se ajustan a sus competencias y emocionalidad.

- *Paso 6. Visualizar el cambio*

  La resistencia al cambio supone el mayor desafío para el *coachee*, por cuanto se trata de realizar acciones no habituales en su comportamiento. Visualizar con seguridad la situación futura, con el cambio ya producido, es de gran ayuda.

- *Paso 7. Reflexiones finales y cierre*

  Esta última etapa se constituye en un momento de procesamiento e integración del aprendizaje, y también de compromiso para la acción. El *coach* ayudará en la indagación de cuáles fueron los aprendizajes y los pensamientos que el *coachee* tiene ahora en relación a los que tenía al inicio del proceso.

Un proceso bien ejecutado será de indiscutible utilidad para el *coachee*, tanto a corto plazo como a medio y largo. En el corto por la resolución del conflicto o la consecución del objetivo. En el medio-largo por la construcción y el desarrollo personal, conforme al planteamiento ontológico de Wolk antes visto.

Mi experiencia personal me lleva a reconocer al *coaching* como un recurso de gran apoyo en la gestión de procesos de cambio, especialmente en el tratamiento individual de las resistencias al cambio y la sustitución del sistema de creencias. En ambos aspectos, uno más bien emocional y el otro más racional, el individuo por sí mismo suele verse superado por las circunstancias y es fácil que termine tirando la toalla, mientras que con el acompañamiento ejercido por un buen *coach* las posibilidades éxito crecen notablemente, tanto en lo referente a la superación de las resistencias como al cambio de creencias.

Desde este punto de vista, es conveniente contar con estas actuaciones a la hora de establecer la planificación del proceso de cambio, tal y como se expone en el capítulo siguiente.

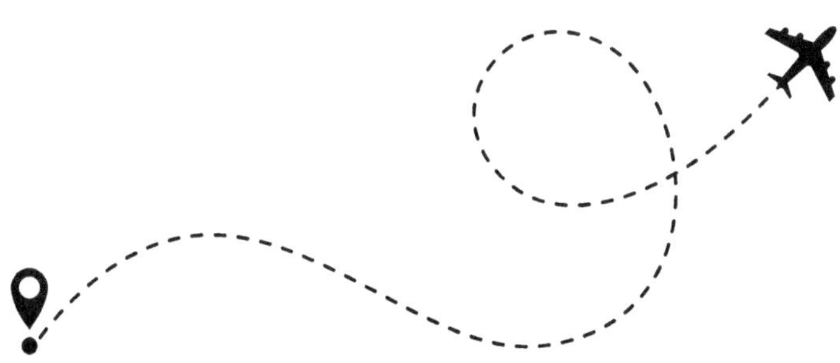

4. ECONOMÍA CONDUCTUAL. PLANIFICACIÓN Y TOMA DE DECISIONES

El cambio, en cuanto proceso que nos lleva de un punto a otro, es susceptible de ser planificado. Aún más, deberíamos decir que, en cuanto proceso complejo, «debería ser» planificado.

El plan del cambio es similar al de cualquier otro proyecto empresarial, respetando la estructura profunda de cualquier planificación de recorrido:

1. Dónde estoy
2. A dónde voy
3. Cómo voy

La primera fase hace referencia a una actividad puramente analítica, donde lo importante es identificar, desde el realismo, la situación de la que se parte. Pero a partir de la segunda fase la cuestión se complica, porque al trabajo analítico, que permanece en el estudio de las alternativas, se añaden componentes de gusto (a dónde me gustaría ir), de decisión (qué camino elijo), y de voluntad (perseverancia en el programa trazado).

En estos terrenos, las aportaciones en los últimos años de la denominada economía conductual han sido fundamentales para explicar gran parte de los errores que afectan al cambio y aportar soluciones al respecto.

¿CÓMO TOMAR BUENAS DECISIONES?

Uno de los aspectos más delicados en un proceso de cambio es el referente a la toma de decisiones, porque cambiar exige decidir en situaciones de incertidumbre y pretendemos hacerlo desde la racionalidad. Pero no somos tan racionales como pensamos.

Con carácter general pensamos que actuamos racionalmente, aunque no siempre es así. Las investigaciones de la nueva psicología económica, con Kahneman a la cabeza, lo han puesto claramente de manifiesto.

Keynes ya había hablado de los «*animal spirits*» para definir ese comportamiento gregario e irracional de los inversores a la hora de tomar decisiones y, antes que Kahneman, el gran impulsor de esta corriente, Herbet Simon, ya había señalado que la racionalidad es limitada.

Pero es Kahneman quien marca un antes y un después en este enfoque. Psicólogo de formación, es el primer no economista en recibir en 2002 el Premio Nobel de Economía. Nos dice que dentro de cada uno de nosotros habita una triple dualidad que nos guía en la toma de decisiones de manera diferente. En concreto, en nuestra mente cohabitan dos sistemas distintos, dos especies y dos «yo».

En primer lugar, el autor señala que compartimos dos sistemas. El sistema 1 opera de manera rápida y automática, con poco o ningún esfuerzo y sin sensación de control voluntario. Se centra en el WYSIATI («*what you see is all there is*», que se puede traducir por «lo que ves es todo lo que hay»), o sea que se focaliza en la evidencia existente e ignora la evidencia ausente. Es un sistema rápido y muy útil para decisiones de urgencia, claramente orientado a la supervivencia y la acción inmediata. Se equivoca mucho, pero también acierta mucho más que de lo que se equivoca. Por su parte, el sistema 2, más perezoso y que requiere más esfuerzo, es más reflexivo y útil cuando existe tiempo y la decisión tiene mayor trascendencia. Corresponde al pensamiento lento y reflexivo, y curiosamente es el que pensamos que tenemos. El sistema 2 también se equivoca, porque no somos perfectos, pero actúa como gran consejero en la toma de decisiones porque es mucho más fiable en la medición que el sistema 1. Además, posee una diferencia notable: se puede entrenar.

En segundo lugar, también distingue dos especies: el *Econo*, que vive en el mundo de la teoría y es básicamente racional (muy útil para la toma de decisiones en la abstracción), y el *Humano* (más práctico y vinculado a lo cotidiano), que actúa en el mundo real y es poco racional.

En último lugar, la tercera distinción hace referencia a los dos «yo» que nos gobiernan. Uno es el que experimenta, que es «el que hace la vida», y el otro es el que recuerda, que es «el que lleva las cuentas y hace las elecciones». Es una construcción del sistema 2 y, sin embargo, es básicamente imperfecto porque construye la base de la elección desde informaciones propias del sistema 1, y crea una memoria de lo sucedido en la que la duración y la intensidad, por ejemplo, no se ajustan a la realidad. Eso lleva a dar una significación a lo ocurrido que construye un recuerdo que necesariamente no tiene que corresponderse con lo que realmente se vivió y se experimentó. Esta construcción hace que las reglas que rigen la evaluación del pasado no sean muy buena guía para la toma de decisiones.

Lo que postula Kahneman no es que seamos irracionales, sino que en general los humanos ven alterada su racionalidad con frecuencia, de modo que en este orden de dualidades la mayoría de las decisiones no están guiadas por una racionalidad estricta. Por el contrario, lo habitual es que seamos básicamente irracionales y, aún más, como señala Ariely, previsible y sistemáticamente irracionales.

Incluso en el mundo de las finanzas, un paradigma matemático de la economía tradicional, se dan con frecuencia estos comportamientos indiscutiblemente irracionales, tal y como ha demostrado Richard Thaler, Premio Nobel de Economía del pasado 2017.

Es decir, que debemos ser conscientes de cómo tomamos nuestras decisiones cuando decidimos abordar un proceso de cambio. Pero además debemos mantenernos vigilantes durante el recorrido de ese proceso, debido a nuestra falta de coherencia racional a la hora de cumplir con lo que nos hemos propuesto hacer en nuestro propio beneficio.

PLANIFICACIÓN Y CAMBIO

La irracionalidad no solo se muestra a la hora de tomar decisiones, sino también en el momento de ejecutarlas.

Y esto es así por nuestros graves problemas de autocontrol y desidia. No todo el mundo comprende su tendencia a la desidia, e incluso los que la reconocen no entienden del todo el problema, aunque es verdad que están mejor posicionados para superarla. Tener autocontrol es un propósito general, pero todos tenemos ciertos problemas de autocontrol relacionados tanto con las gratificaciones inmediatas como con las diferidas. Sin un compromiso serio es muy difícil superar las tentaciones y, sin embargo, cuando es una voz externa la que nos da las órdenes suele ser más fácil que se le preste atención.

Thaler señala que los humanos tienen un marcado sesgo hacia lo inmediato: el placer de hoy nos interesa mucho más que el placer de aquí a diez años. A. Pigau ya lo decía a su manera en 1920: «nuestra visión telescópica es defectuosa y vemos los placeres futuros a escala reducida». Por este motivo, para tomar adecuadas «elecciones intertemporales» es necesaria la «fuerza de voluntad».

Concluye que dentro de nosotros coexisten dos personalidades: la planificadora, que vive en el futuro y tiene buenas intenciones, y los ejecutores, que viven en el presente y son débiles en autocontrol.

Es una dualidad, siguiendo el esquema de Kahneman, que define a los ejecutores como efímeros y egoístas entre sí, preocupados únicamente por su objetivo temporal inmediato, sin atender al perjuicio que este puede causar en el objetivo global, mientras que, por el contrario, la planificadora es totalmente altruista, en cuanto le preocupa la utilidad general y el objetivo final, para lo cual utiliza dos herramientas de influencia: las recompensas/castigos y las normas que restringen las opciones de los agentes (culpa y remordimiento).

Es de suma importancia que en la tarea de planificar el proceso del cambio seamos conscientes de estas «imperfecciones».

El proceso de planificar el cambio

En el planteamiento general, el proceso planificador obedece al sencillo esquema que hemos visto y que podría decirse de «sentido común», aunque, desafortunadamente, a pesar de esta sencillez y esa característica aparentemente innata, no es extraño que las reglas de dicho esquema se ignoren, especialmente en aquellos casos en los que no existen departamentos o individuos con formación suficiente para elaborar esta tarea.

Este esquema, tal y como se señalaba anteriormente, tiene que contemplar tres pasos: dónde estoy, a dónde voy y cómo voy. Precisamente, además, por este orden.

No podemos planificar el paso a un destino posible sin conciencia de nuestra posición actual y aún menos definir acciones a implementar si no sabemos a dónde queremos que nos conduzcan.

Los errores, frecuentes, en este terreno obedecen habitualmente a la victoria del deseo sobre cualquier otra consideración. Queremos ir a un sitio y pensamos que podemos. La literatura de autoayuda nos apoya y, a veces —quizás con demasiada frecuencia— nos confunde. «Si quieres, puedes» nos dice, y sin embargo esto no siempre es verdad. No podemos hacer siempre lo que nos gustaría hacer para llegar a objetivos posibles. Al menos no de golpe, sin ayuda y sin una visión realista de las dificultades del proceso.

No nos gusta lo que hay que hacer y elegimos lo que sí nos gusta sin aceptar que, aunque nos gusta hacer algunas cosas, estas no nos llevan a donde pretendemos. Incoherencia humana natural llevada al extremo. No queremos saber dónde estamos; solo queremos hacer lo que nos apetece y esperar que eso que hacemos y el modo en que lo hacemos nos lleven a un nuevo estadio, más feliz, más deseable. Nos rendimos a nuestro placer cortoplacista. No es una opción descartable como filosofía de vida pero es totalmente desaconsejable como técnica de cambio. Para cambiar hay que ser riguroso en las tres fases del proceso.

A continuación se exponen unas breves indicaciones sobre qué es lo que hay que hacer en cada una de las fases:

1. *Dónde estoy:* es el punto de partida. Se trata ahora de diagnosticar la situación. Hay que tomar conciencia de la posición real en la que nos encontramos, cuáles son nuestros recursos y cuáles nuestras debilidades, tanto en lo referente a la dimensión humana como a la económica. Hay que hacer un análisis en términos absolutos (es decir, sin mirar nada más que a nosotros mismos) y otro en términos relativos (cómo estamos respecto a nuestro entorno, nuestra competencia y nuestra realidad so-

cio-económica). En ocasiones estamos mal en términos absolutos, pero muy bien en términos relativos, lo que nos proporciona una ventaja competitiva. En otras ocasiones puede suceder lo contrario: no estamos muy mal en términos absolutos, pero sí respecto a nuestra competencia, por ejemplo.

Es especialmente importante que seamos conscientes de las resistencias que pueden aparecer y saber con quién se puede contar y con quién no para apoyar el cambio.

2. *A dónde voy:* en este punto, ya sabiendo dónde estamos, tenemos que decidir a dónde vamos y para eso es conveniente definir una serie de alternativas, que no sean abrumadoras pero que sí nos permitan sopesar ventajas y desventajas de unas sobre otras. Aquí hay que realizar un ejercicio de armonización muy delicado entre lo que nos gustaría y lo que consideramos posible, de manera que ambas cosas estén lo más cerca posible. Cuanto más cercanas, más voluntad proactiva para el cambio, sin caer en el absurdo de intentar lo imposible. El reto siempre existirá, pero tiene que ser alcanzable.

3. *Cómo voy:* en este tercer paso, ya hay que definir lo que se va a hacer para alcanzar el objetivo del cambio que se decidió en la fase anterior. Es decir, se define la estrategia para lograr el cambio pretendido.

Esta definición debe ser coherente con lo que se persigue, sin caer en la tentación de evitar aquellas tareas que a priori nos parecen menos agradables pero que son necesarias para llegar al objetivo. Por ello también es importante contemplar un sistema de revisión de la planificación inicial, para observar las diferencias entre lo propuesto y lo alcanzado, y valorar a qué se deben.

La tarea general se concreta en un «qué» (actuaciones a llevar a cabo), un «quién» (asunción de responsabilidades) y un «cuándo» (plazos).

Llegados a este punto, es imprescindible contemplar el ritmo del cambio, es decir los plazos en los que se van a ir desarrollando las acciones y alcanzando los objetivos. Para esta fase es especialmente útil un adecuado sistema de establecimiento de metas.

Metas y plazos

Ponerse metas y comprometerse con ellas, fijando un horizonte temporal de cumplimiento ayuda al bienestar y posibilita el desarrollo del cambio siempre que se cumplan una serie de requisitos.

Para ser útiles, las metas deben ser alcanzables (ni demasiado fáciles ni demasiado difíciles) y con un sentido que las dote de valor para cada uno, es decir que tengan que ver con nuestros propios intereses, que sean flexibles y que a su vez puedan ser descompuestas en pasos sucesivamente alcanzables.

En relación con la gestión del cambio, el establecimiento de metas podría actuar como motivador positivo del cambio, al aportar significado a los esfuerzos asociados al proceso y ayudar a transformar los motivos iniciales extrínsecos (fuerza externa que nos obliga a cambiar) en motivos intrínsecos (impulsor interno que nos lleva a cambiar), lo que facilitaría el compromiso con las actuaciones necesarias para que el cambio tenga lugar.

El valor de trabajar con metas es indudable y ha sido reconocido por sus múltiples beneficios. Es una herramienta para fomentar el optimismo, y además una actividad que mejora el bienestar tanto en el área personal, como lo ha identificado Sonja Lyubormisky, como en el área del trabajo, según indican Marisa Salanova y W. Schaufelli.

Sheldon plantea una propuesta de intervención para el bienestar que se centra precisamente en el entrenamiento del modo en el que las personas establecen sus metas. El objetivo es fomentar la integración entre las metas intrínsecas y las extrínsecas, y el sistema se basa en un adecuado enlace entre las metas a corto plazo y a largo plazo.

Personalmente me parece aún más eficaz el sencillo pero útil planteamiento para establecer metas del profesor Kanfer, citado por Carmelo Vázquez y María Dolores Avia en su libro *Optimismo inteligente.*

Dice Kanfer: «piensa en pequeño, piensa en positivo, piensa en posible, piensa en conducta, piensa de antemano».

Esta recomendación es fácilmente comprensible al acercarla a un objetivo concreto, como por ejemplo «adelgazar».

En el fondo del objetivo subyace el mismo deseo de perder peso, pero la estrategia es totalmente distinta si en vez de pensar en perder diez kilos, comiendo menos y haciendo ejercicio durante una temporada, pensamos en perder un kilo por semana, comiendo mejor y acudiendo los lunes al gimnasio durante diez semanas y después revisamos los resultados.

Parece que, en el segundo caso, la posibilidad de alcanzar el objetivo, no solo será más fácil, sino que también será más agradable y llevadera.

Del mismo modo, este método puede aplicarse en la fijación de metas y subjetivos en proyectos de cambio que a priori puedan parecer de una dimensión que resulte muy difícil y genere mucho miedo al fracaso.

APARTADOS DEL PLAN GENERAL

El plan del cambio debe contemplar, como mínimo, tres sub-apartados: el plan económico, el plan de comunicación y el plan de incentivos.

Plan económico

Es la parte del plan que se ocupa de los recursos necesarios para efectuar el cambio y de la repercusión económica que el proyecto de cambio produce sobre el futuro.

En ámbitos empresariales este aspecto suele estar perfectamente controlado cuando la organización tiene cierta dimensión, pero en ámbitos más reducidos, y con frecuencia en proyectos de transformaciones profesionales en los que el individuo se reinventa, el asunto pasa por desgracia desapercibido o no es contemplado con la importancia adecuada.

Se trata de analizar si el proyecto reúne las condiciones de rentabilidad y liquidez necesarias para determinar su viabilidad económica, en sus distintas perspectivas temporales (corto, medio y largo plazo). Para elaborar el plan económico se debe recoger toda la información de carácter económico y financiero referente al proyecto: inversión inicial, financiación, previsión de ventas, gastos de explotación, tesorería y cuenta de resultados prevista.

En este punto es recomendable retomar nuevamente la «teoría J» de Albrecht, citada previamente, recordando que el proceso de cambio no es un camino de mejora continua apreciable desde el primer día, sino que lo más probable es que en los primeros momentos el cambio dé lugar a un empeoramiento de la situación.

A la hora de planificar, hay que ser sumamente conscientes de nuestro nivel de resistencia antes de acometer cambios. Cuántos ingresos podemos dejar de percibir, cuántos gastos podemos absorber, qué financiación vamos a necesitar y cuánto tiempo podemos soportar pérdidas, son cuestiones claves en el proceso de planificación.

Si, como dice Albrecht (y mi experiencia lo confirma), antes de llegar a B pasamos primero por C (ver gráfico 1 en la pág. 51), es importante saber dónde se sitúa nuestra línea roja de tolerancia. Si está por debajo del punto C no habrá problema, pero si estuviese por encima es posible que el tránsito conduzca al fracaso.

Plan de comunicación

Este también es un tema crucial en las organizaciones en las que el cambio es promovido por unos pocos pero afecta a muchos.

Como ya hemos visto, el cambio genera incertidumbre. En ese clima de incertidumbre se dan las condiciones óptimas para que la desconfianza y el miedo prosperen. El no tener información disponible para entender la situación del cambio crea tensión en las personas que se ven afectadas por el mismo y esta tensión fomenta el desarrollo de resistencias. El futuro, que se anuncia desconocido, empieza a pintarse en tonos negros, amenazadores y llenos de peligros y desgracias para aquellos que se ven sometidos a un cambio impulsado por otros.

Por eso, en mi opinión, establecer y ejecutar un plan de comunicación no es una opción sino una exigencia para el éxito del proceso.

Porque, tal y como señala el padre de la ontología del lenguaje, Rafael Echeverría, el lenguaje, no solo describe la realidad, sino que por medio del mismo se puede generar la realidad. Es decir, mediante el lenguaje construimos una visión, no solo del presente, sino también del futuro. El escritor Rafael Sánchez Ferlosio, en la misma línea, señala que «es la palabra la que nos hace».

Desde los estudios de la psicología económica se ha puesto de manifiesto que cada ser humano percibe «una» realidad construida sobre el conjunto de información que es capaz de captar y del sistema de interpretación del que dispone.

En este sentido, la comunicación tiene que ir más allá de informar. Es decir, que el objetivo del plan de comunicación del cambio es doble: dar información y construir un sistema de interpretación positiva sobre el cambio.

Respecto a la entrega de información, el plan debe comunicar las razones por las que se están realizando los cambios y qué tipos de modificaciones se efectuarán, cuál será el trabajo del personal en el cambio organizacional y cómo este afectará a todos en sus actividades en la empresa.

Respecto al sistema de interpretación del cambio, el plan debe ser un instrumento para motivar, persuadir y paliar las resistencias.

Desde esta perspectiva, hay que explicar claramente las causas que motivan el cambio, hacer hincapié en la importancia que tendrá el cambio en el futuro y la supervivencia de la empresa, y al mismo tiempo la necesidad y la repercusión que sobre el éxito del mismo va a tener la actitud de los trabajadores. Es determinante que los implicados comprendan el porqué del cambio y lo vean como una oportunidad y no como una amenaza.

El plan también debe incluir la promoción de comportamientos dirigidos a crear un clima colectivo de confianza, generando un «efecto manada».

Este efecto consiste en la tendencia a agruparse en una misma dirección. Es, en origen, un instinto primitivo dirigido a seguir al grupo como elemento de seguridad y se explica científicamente en base a descubrimientos como las neuronas espejo, que imitan lo que perciben; la serotonina (neurotransmisor cerebral), que genera motivación afiliativa y favorece la sociabilidad; y la oxitocina (hormona del amor y de la confianza). La asunción de un riesgo compartido produce a nivel individual una rebaja considerable del nivel de riesgo a asumir. Todos corremos el mismo riesgo, como los ñus en el Serengueti al cruzar el río lleno de cocodrilos.

Esta generación de confianza debe buscar también el efecto Pigmalion. La confianza que depositan los demás sobre nuestra capacidad de cambio tiene efectos determinantes sobre lo que podamos llegar a conseguir. Los empleados y las personas que soportan cambios impuestos por otros responden según crean que son las expectativas de sus superiores hacia ellos.

Parece por tanto evidente la utilidad y la necesidad de elaborar un buen plan de comunicación que recoja adecuadamente los objetivos del cambio y actúe como impulsor de la confianza y la motivación a favor del mismo.

Plan de incentivos

El plan de incentivos también es un instrumento para motivar a los trabajadores con el objetivo de que su desempeño en sus actividades sea todo lo favorable posible al cambio.

Para que sea eficaz es necesario que los incentivos sean de fácil entendimiento para los trabajadores y que su alcance beneficie tanto al trabajador como a la empresa.

Dentro de nuestro cerebro coexisten «dos regiones» que ante un estímulo se activan en sentido opuesto. La «región del sí» contiene el sistema de recompensa cerebral que nos lleva a actuar de manera activa para conseguir algo que lleva asociado una recompensa, mientras que la «región del no» contiene el sistema de aversión al riesgo y se activa de manera reactiva ante el temor a una pérdida potencial o un peligro. Este es uno de los aspectos más irracionales del ser humano y se debe en gran medida a que percibimos lo familiar como más seguro. Por ese motivo experimentamos una aversión básica al cambio que solo puede ser neutralizada si se activa el sistema de recompensa.

Múltiples estudios de investigación han puesto de manifiesto que recompensas y castigos inducen comportamientos diferentes, y que las recompensas parecieran generar mejores resultados que los castigos.

Todo indica, pues, que un adecuado sistema de incentivos (recompensas) favorece el buen fin del cambio, que si no existe es sustituido por amenazas de castigos vinculados al no cumplimiento de las instrucciones dadas sobre los cambios a realizar.

La cuestión es qué tipo de recompensas ofrecer. Las recompensas pueden ser de dos tipos no excluyentes entre sí, y por tanto pueden combinarse: recompensas económicas y no económicas.

Sobre las primeras poco hay que decir. Son cantidades de dinero adicional que se dan cuando se cumplen unos objetivos y cuya cuantía dependerá de la disponibilidad de la empresa y de la magnitud del reto, pero que en cualquier caso tienen que ser suficientemente importantes como para que se perciban con valor por parte de quien tiene que esforzarse por ellos.

Respecto a las recompensas no económicas, el tema es más complicado, pero al mismo tiempo puede ser más eficaz y especialmente útil cuando no se dispone de recursos económicos para diseñar un plan de incentivos interesante.

Hay que tener en consideración que no son pocos los casos en los que las personas renuncian a salarios mayores a cambio de estar «mejor». Este «estar mejor» tiene que ver con una serie de condiciones laborales que hacen que el individuo esté más cómodo, más satisfecho, e incluso más feliz en una empresa que en otra, o incluso, dentro de la misma empresa, en un puesto o en otro.

Entre estas condiciones laborales destacan, entre otras, aquellas que afectan a los horarios y la flexibilidad de la jornada, al reconocimiento del trabajo realizado, las relaciones con otras personas (compañeros, jefes y clientes o proveedores) y la formación y desarrollo personal.

De cada empresa y de cada situación dependerá cuáles de estas acciones son las más adecuadas a implementar en un proceso de cambio concreto, pero lo que parece poco discutible es la utilidad de estos incentivos para favorecer el éxito del mismo, y más aún cuando no conllevan el empleo de recursos económicos importantes.

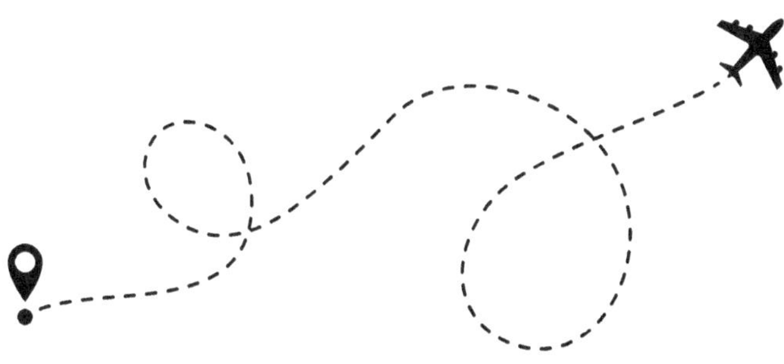

CONCLUSIONES

No podemos negar que, aunque el cambio haya sido una preocupación constante a lo largo de la Historia, nos encontramos ante un momento excepcional. Aunque hablar del cambio es de hecho remontarnos a los orígenes de la humanidad, y la vida misma es cambio, ahora estamos asistiendo a un cambio muy singular con rasgos que lo hacen imposible de controlar y muy difícil de gestionar, como son su enorme dimensión, su alta velocidad y su naturaleza disruptiva.

Esto es así porque en la base del cambio actual se encuentra una gran revolución tecnológica que tiene repercusión sobre nuestros modelos de vida, nuestro trabajo y nuestro consumo.

Y todo ello sucediendo a una velocidad tan vertiginosa que la nueva situación creada por el cambio se nos escapa de las manos antes de haber sido asimilada, porque ya está siendo reemplazada con motivo de otro nuevo cambio, que no es producto, en muchas ocasiones, de la propia evolución, sino que tiene un carácter disruptivo, que al tiempo que incrementa el trauma por lo nuevo, lo convierte en algo más difícil de gestionar.

Este cambio de ahora, con su gran capacidad transformadora, nos ha llevado en el breve curso del siglo XXI a un mundo caracterizado por la globalización, la revolución de las comunicaciones y el acceso universal a la información.

Esta revolución ha supuesto una relativización de las distancias y la posibilidad del contacto continuo, instantáneo y permanente con cualquier persona en cualquier lugar del mundo, al tiempo que permite que todas las personas, con independencia de su ubicación, tengan acceso a la información de manera rápida, sistemática e instantánea gracias a Internet.

Como consecuencia de todo esto, nos encontramos como sociedad ante el desafío de asimilar también un nuevo modelo de trabajo. Este cambio destruirá, según los expertos, el sentido de casi la mitad de los empleos actualmente existentes en apenas un par de décadas, lo que llevará a la desaparición de cientos de miles de puestos de trabajo. Es de esperar que esta destrucción dé lugar a la sustitución por otros nuevos puestos, pero, en cualquier caso, en el corto plazo numerosas personas se verán obligadas a reinventarse si quieren permanecer en el mercado de trabajo.

Este nuevo modelo dará lugar a un tipo de empleo menos estable y exigirá cambios culturales que favorezcan nuevas relaciones, tanto entre empresas y trabajadores como entre las personas y la tecnología, en las que no parece improbable que exista una fusión entre trabajadores y robots que les ayuden a realizar sus tareas con mayor precisión, como ya ocurre por ejemplo en determinados campos de la cirugía médica.

Esta nueva forma de trabajar abrirá sin duda una nueva brecha entre las personas tecnológicamente cualificadas y las no cualificadas, que no solo se dará en el mundo laboral, sino que también producirá efectos en la esfera social.

En lo que respecta a las empresas, estos cambios en los modelos sociales y laborales, que se reflejan también en nuevas alternativas de consumo de bienes y servicios, están definiendo un nuevo modelo de relaciones comerciales y transformando los hábitos de trabajo tradicionales.

En este contexto volátil, imparable y dominante, gestionar eficazmente un cambio organizacional no es fácil y su manejo conlleva necesariamente formación y dedicación, y no todas las empresas y los profesionales se están preparando adecuadamente, por lo que especialmente en la pequeña y mediana empresa la tasa de mortalidad va a ser, lo está siendo ya, muy alta, ya que son el punto más débil en este contexto de transformación. Cambia su entorno, pero muchas no se mueven de sus parámetros de actuación tradicionales y en ese inmovilismo está su sentencia. Trabajar en el cambio se ha convertido en un requisito imprescindible en el proceso de supervivencia de las organizaciones, pero no todas están haciendo los esfuerzos necesarios en esta dirección.

Sabemos también que en esencia el cambio es un proceso. Es decir, un camino, no un instante. Y que lo importante, además de decidir sobre el destino o «a dónde» vamos con el cambio, es también la tarea de «cómo» recorrer ese camino. Son aspectos que están, y que deben estar, vinculados, pero es en ese recorrido, una vez elegido el destino, donde surgen las principales dificultades y en ese momento cobra mayor sentido hablar de gestión del cambio.

Este enfoque no es algo reservado a las grandes organizaciones, ni siquiera un territorio exclusivo de la ciencia económica. Por el contrario, es algo disponible también para profesionales independientes y pequeñas y medianas empresas, y se nutre tanto de las aportaciones de la psicología como de las ciencias económicas.

La gestión del cambio, en cuanto intervención activa, nos permite ser protagonistas y administrar proactivamente distintas fases por las que atraviese este proceso, que es especialmente un proceso «emocional», ya que las emociones son un factor clave del cambio.

No puede, por tanto, haber gestión del cambio sin inteligencia emocional, porque sin gestión emocional no hay cambio que se consolide ante la fuerza que emociones básicas, como miedo, el enfado y la tristeza, ejercen durante todo el proceso empujando para no cambiar.

Superar estas fuertes resistencias, que luchan para que nos quedemos donde estamos, es muy complicado si no contamos con una determinación clara de cambiar. En caso contrario, si no se superan, las resistencias ganarán la batalla y el cambio fracasará.

En ese sentido es importante reconocer que el cambio es un proceso voluntario, de modo que si no se desea cambiar no se cambiará. Con independencia de cuál sea la causa que nos lleva a cambiar (interna o externa), el proceso de cambio debe ser voluntario porque solo apoyaremos de manera activa su implantación si pensamos que el mismo nos empuja a un escenario mejor que el que tenemos en este momento.

Ese pensamiento de evaluación surge de un juicio en el que, considerando nuestras motivaciones y expectativas y valorando los recursos necesarios a emplear, emitimos una sentencia favorable o desfavorable al cambio.

La respuesta favorable propiciará una actitud proactiva, mientras que la desfavorable dará lugar a una actitud reactiva. La proactividad es en sí misma un valor esencial para cambiar por cuanto conlleva un tipo de actitud caracterizada por la libertad de acción, responsabilidad sobre los actos propios y toma de iniciativa para superar las posibles circunstancias adversas que se antepongan a nuestros objetivos.

Este juicio, a favor o en contra del cambio, se va a ver condicionado también individualmente por la tendencia genético-cultural a la resistencia y por el mapa de creencias que cada individuo tiene.

Puesto que el cambio provoca habitualmente una desestabilización, es natural y previsible que aparezcan resistencias al mismo, constituyendo posiblemente el principal problema de la mayor parte de los procesos de cambio, especialmente en organizaciones.

Las resistencias al cambio entre los implicados en el mismo deberían ser expresadas de manera clara para poder ser gestionadas con eficacia, por lo que no solo no es recomendable reprimirlas, sino que suele ser contraproducente.

Hay que tener presente que las resistencias son actitudes eminentemente emocionales que lo que persiguen es que el cambio no se realice, y esa emocionalidad no puede ser reprimida, sino que se debe intentar gestionar, porque en caso contrario se mantendrá oculta, lo que conllevará una dificultad mayor para los gestores del cambio.

En concreto, en situaciones de cambio es habitual la presencia de tres emociones. Dos de ellas, la tristeza y el miedo, generan actitudes más bien pasivas ante el cambio, mientras que el enfado da lugar habitualmente a un enfrentamiento activo contra los promotores del cambio. En ocasiones, además, este componente emocional de las resistencias alcanza una dimensión tan grande que coloca al individuo en una situación de bloqueo. El individuo bloqueado por la emoción se queda en *shock*, que solo puede ser superado mediante el reprocesamiento de la emoción.

Por otro lado, pero actuando en conjunto con las emociones, en la construcción de las resistencias se encuentran las creencias. Las creencias son modelos mentales en base a los cuales interpretamos el mundo. Son juicios subjetivos y no hechos objetivos, aunque a menudo los confundimos.

Todas las personas tenemos creencias. Algunas que actúan como recursos junto con otras que tienen un efecto limitante sobre nuestras posibilidades de actuación en situaciones del cambio. Cuando se considera que el cambio atenta contra nuestro sistema de creencias, la defensa de las mismas suele ser encarnizada, aunque la buena noticia es que las creencias limitantes pueden ser transformadas o actualizadas una vez que han sido previamente identificadas.

Los tres tipos más comunes de creencias limitadoras que actúan en procesos de cambio son las que se refieren a la desesperanza, la impotencia y la falta de mérito. En general, todas ellas tienen relación con un concepto básico en el ser humano en relación con sus acciones: la autoeficacia.

La autoeficacia se construye en base a «los juicios de cada individuo sobre sus capacidades, y por lo tanto no hace referencia a los recursos de que se disponga, sino a la opinión que se tenga sobre lo que puede hacer con ellos. Es decir, son creencias sobre nuestras propias capacidades para alcanzar un determinado resultado.

Con respecto al cambio, según el modo en el que las personas valoran la probabilidad de que sus acciones alcancen el objetivo concreto deseado, el grado de implicación tendrá un signo u otro, por lo que una adecuada dimensión de autoeficacia es fundamental, ya que su inexistencia puede impedir un reconocimiento real de las posibilidades de quien se enfrenta al cambio.

Otra de las dificultades del cambio se encuentra en la falta de formación para el mismo. Cambiar no es una habilidad totalmente innata. No sabemos sin aprender lo suficiente para abordar procesos de gestión. Contamos con una programación genética universal adaptativa en lo biológico, pero no con una capacidad de gestión de procesos de cambio, y especialmente si estos cambios son colectivos. Evidentemente y afortunadamente se puede aprender a cambiar si se cuenta con una actitud abierta hacia el aprendizaje.

Hablar de cambio es por tanto ineludiblemente hablar de aprendizaje, aunque este aprendizaje no resulte tan fácil como podría parecer, porque cuando aparece una situación de cambio lo que se plantea es olvidar lo que ya sabíamos y aprender algo nuevo. Hay que desaprender para reaprender, lo que resulta más difícil que cuando no sabíamos nada.

En este obligado aprendizaje a cambiar contamos con herramientas excelentes, fruto de las investigaciones realizadas en las últimas décadas en el ámbito de la psicología, la economía y las ciencias sociales.

La primera de ellas, en orden a su antigüedad —que no es superior a veinticinco años en ningún caso—, es la que se refiere a la inteligencia emocional.

La inteligencia emocional es la habilidad para reconocer y regular las emociones en uno mismo y en los demás, desde el convencimiento de que el procesamiento de la información emocional permite un razonamiento más efectivo y una forma de pensar más inteligente.

Su aportación en la gestión del cambio es fundamental y se concreta en la dotación de recursos para la comprensión de las dificultades emocionales que conlleva un proceso de esta naturaleza y de la aportación de herramientas para superar estas dificultades.

El proceso de cambio genera emociones, a veces muy fuertes, de enfado y miedo, por lo que resulta de suma utilidad el conocimiento y desarrollo de las habilidades vinculadas a la inteligencia emocional. La combinación con la razón también nos hace más eficaces en entornos cambiantes.

La inteligencia emocional puede aprenderse, tal y como se ha demostrado, puesto que junto a un componente genético (parte innata), tiene otro componente adquirido que se desarrolla en mayor o menor medida en función del uso que hacemos de esa parte innata. Parece evidente que es bastante recomendable desarrollar las competencias propias de la inteligencia emocional.

Estas competencias impulsan el conjunto de habilidades que deben tenerse respecto a uno mismo y respecto a los demás, y que tienen dos funciones: el reconocimiento emocional y la regulación del comportamiento asociado a las emociones.

No resulta nada complicado adquirir un conocimiento básico de cada una, especializándonos o profundizando más en aquellas que resulten más necesarias en cada situación, y en cualquier caso es muy recomendable hacerlo en aquellas que hacen referencia al autoconocimiento.

Hemos visto también que existen técnicas específicas de intervención dirigidas a identificar y gestionar los problemas emocionales que pueden surgir en situaciones de cambio, y desde la observación de lo deseable que es que estas técnicas sean desarrolladas por expertos (psicólogos o *coaches* debidamente certificados), su conocimiento por parte de los responsables del cambio es útil, especialmente si tienen responsabilidad sobre otras personas sujetas a los cambios que dependen de ellos. Esta familiaridad con los procesos permite entender mejor la relación con los otros y con uno mismo.

Otra de las grandes vías de aprendizaje es la psicología positiva. Esta nueva corriente científica, también llamada la «ciencia de la felicidad», se centra en el desarrollo de lo positivo con la vocación de promover los caminos necesarios para el bienestar.

En lo relativo a la gestión del cambio, los trabajos de la psicología positiva alcanzan una utilidad indiscutible en varios de los temas abordados, que repercuten tanto en el individuo que se enfrenta al cambio como en la organización que se ve afectada por los cambios.

La primera gran aportación se refiere al juicio sobre la incertidumbre. Siendo esta la característica más poderosa del cambio (y fuente de la mayor parte de temores), el enfoque optimista o pesimista con el que se elabore el juicio sobre el «qué pasará» es determinante.

El optimismo se ha definido como la tendencia a esperar que el futuro depare resultados favorables. En cierto modo parece que se trata de una dimensión de la personalidad más bien estable. Pero además de su naturaleza innata, el optimismo puede aprenderse. En cuanto actúa como «creencia positiva» puede ser cambiada y reconstruida.

El optimismo es clave en el juicio del resultado esperado en situaciones de incertidumbre y cambiar conlleva un alto grado de incertidumbre. Es difícil saber con absoluta certeza el resultado del cambio, de modo que una visión optimista o pesimista puede hacer ver el cambio como una oportunidad, o por el contrario como una amenaza. Aquí radica la mayor importancia del optimismo en la gestión del cambio.

Otra de las grandes aportaciones de la psicología positiva es el *engagement*, entendido como un estado mental positivo en el trabajo que conlleva la concurrencia de un componente conductual, el vigor, que se caracteriza por altos niveles de energía y resistencia mental, un componente emocional, la dedicación, que hace referencia a una alta implicación laboral, y un componente cognitivo, la absorción, que se manifiesta en un elevado grado de concentración en lo que se está haciendo.

El *engagement* puede construirse mediante la realización de una serie de actividades positivas. Algunas de estas actividades les incumben directamente a los trabajadores y otras forman parte del ámbito específico de gestión de la empresa, la cual también puede desempeñar un papel importante en su desarrollo, favoreciendo su acceso y promocionando su práctica.

Desde el punto de vista de la gestión del cambio es muy recomendable introducir la cultura del *engagement* como base para afrontar los desafíos de un proceso de transformación, en tanto en cuanto es evidente que el empleado «*engaged*» es el óptimo para afrontar los desafíos de un proceso de transformación.

El empleo del *coaching* también se ha mostrado como un recurso excelente en situaciones de cambio.

Este método de trabajo, que ha sido considerado por algunos como una disciplina propia, está en la actualidad deteriorado debido a un uso ilegítimo e impropio de la terminología, pero en su auténtica esencia el *coaching* es una actividad profesional de inestimable valor para mejorar el rendimiento de las personas.

Su entronque con la gestión del cambio es evidente con carácter general, y en particular por su inmensa utilidad en el trabajo sobre el cambio de creencias y en el de superación de resistencias.

Finalmente, desde la economía conductual se han puesto de manifiesto grandes errores del ser humano en lo referente a su condición racional.

Con carácter general pensamos que actuamos racionalmente, pero no es así. Las investigaciones en este terreno lo han puesto claramente de manifiesto. No es que seamos irracionales, sino que en general los humanos vemos alterada nuestra racionalidad con demasiada frecuencia, lo cual conduce a errores sistemáticos, previsibles y evitables.

En los procesos de cambio, estos errores hacen referencia especialmente a la planificación y la toma de decisiones. Cambiar exige decidir en situaciones de incertidumbre y la vocación humana pretende hacerlo desde la racionalidad. Pero no somos tan racionales como pensamos, y esta irracionalidad no solo se muestra en el momento de tomar decisiones, sino también en el momento de ejecutarlas.

Los primeros conflictos surgen a la hora de planificar los cambios. La planificación es una herramienta básica en procesos de cambio y el plan del cambio es similar al plan de cualquier otro proyecto empresarial, y debe contemplar como mínimo tres apartados: el plan económico, el plan de comunicación y el plan de incentivos El plan económico se ocupa de la repercusión económica que el proyecto de cambio produce sobre el futuro, el objetivo del plan de comunicación del cambio es dar información y construir un sistema de interpretación positiva del mismo, y el plan de incentivos es un instrumento para motivar a los trabajadores para que su desempeño sea todo lo favorable posible al cambio.

Este plan debe elaborarse respetando el esquema básico y sencillo de cualquier planificación de recorrido: dónde estoy, dónde voy y cómo voy. Sin embargo, y a pesar de esta sencillez que podría decirse de «sentido común», desafortunadamente no es extraño que las reglas de dicho esquema se ignoren y que casi desde el principio empecemos a cometer errores en este terreno, consecuencia habitualmente de la victoria del deseo sobre cualquier otra consideración. Nos rendimos a un placer cortoplacista que nos aleja con frecuencia de nuestro objetivo a más largo plazo.

En este sentido, debemos mantenernos vigilantes durante el recorrido de ese proceso, debido a nuestra falta de coherencia racional a la hora de cumplir con lo que nos hemos propuesto, motivada por los graves problemas de autocontrol y desidia que todos tenemos en mayor o menor medida. Por este motivo, para tomar adecuadas «elecciones inter-temporales» es necesaria la «fuerza de voluntad».

Ponerse metas y comprometerse con ellas, fijando un horizonte temporal de cumplimiento, posibilita el desarrollo del cambio siempre que estas puedan ser alcanzables (ni demasiado fáciles ni demasiado difíciles) y posean un sentido que las dote de valor para cada uno. El establecimiento de metas actúa como motivador positivo del cambio al aportar significado a los esfuerzos asociados al proceso y reforzar el concepto de autoeficacia por los éxitos conseguidos meta a meta.

FINAL Y PRINCIPIO

En resumen, tal y como se señalaba en el capítulo primero, es evidente que vivimos en un mundo que se transforma a una enorme velocidad, que nos exige un gran esfuerzo y nos plantea un desafío para el que estaremos mejor situados cuanto más preparados estemos para cambiar y aprender.

Hay que identificar la necesidad de cambiar, aceptar el cambio y dedicar nuestros esfuerzos a gestionarlo. En caso contrario nos veremos desplazados hacia «el rincón de los olvidados». Quizás ese sea un lugar deseable para algunos, pero el que no se encuentre entre ellos debe aplicarse a aprender a gestionar su propio cambio.

Hablar de gestión del cambio es hablar de superar problemas y de crecer. Es tomar conciencia de la importancia de desarrollar habilidades que faciliten la adaptación a los cambios desde la normalidad y desde la habitualidad, al posicionar el propio proceso de cambiar dentro del reto positivo de cada individuo, entendiéndolo como una oportunidad de desarrollo y satisfacción personal.

Contamos para ello con numerosas herramientas aportadas por la inteligencia emocional, la psicología positiva y la economía conductual. Utilicémoslas y convirtamos nuestra capacidad de gestionar los cambios en un puntal de nuestro desarrollo humano y profesional.

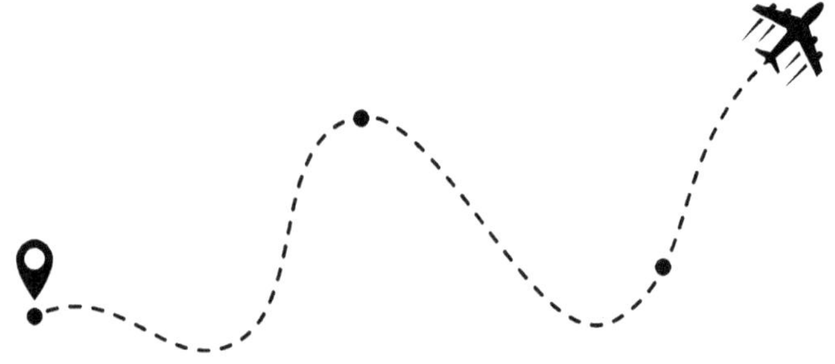

BIBLIOGRAFÍA RECOMENDADA

SOBRE INTELIGENCIA EMOCIONAL Y RESISTENCIAS:

- GOLEMAN, DANIEL. *Inteligencia emocional.* Editorial Kairós.

- CARUSO, D.; SALOVEY, P. *El directivo emocionalmente inteligente.* Editorial EDAF.

- Greenberg, Leslie. *Emociones: una guía interna.* Desclée de Brouwer.

- AGUILAR, J.; HUSENMAN, SAMUEL. *La gestión del cambio.* Editorial Ariel. (Capítulo Resistencias al cambio).

SOBRE PSICOLOGÍA POSITIVA:

- SELIGMAN, MARTIN. *La auténtica felicidad.* Editorial B de bolsillo.

- LYUBOMIRSKY, SONJA. *La ciencia de la felicidad.* Editorial Urano.

- AVIA, Mª DOLORES; VÁZQUEZ, CARMELO. *Optimismo inteligente.* Alianza Editorial.

- SALANOVA, M.; SCHAUFELI, W. *El «engagement» en el trabajo.* Alianza Editorial.

SOBRE *COACHING* Y CREENCIAS:

- Wolk, Leonardo. *Coaching: el arte de soplar brasas.* Gran Aldea Editores.

- O'Connor, J.; Lages, A. *Coaching con PNL.* Editorial Urano.

- Dilts, Robert. *Identificación y cambio de creencias.* Editorial Urano.

- Echeverría, Rafael. *Ontología del lenguaje.* Ediciones Granica México.

SOBRE ECONOMÍA CONDUCTUAL:

- Kahneman, Daniel. *Pensar rápido, pensar despacio.* Editorial Debate.

- Ariely, Daniel. *Las trampas del deseo.* Editorial Ariel.

- Thaler, R. *Todo lo que he aprendido con la psicología económica.* Editorial Deusto.

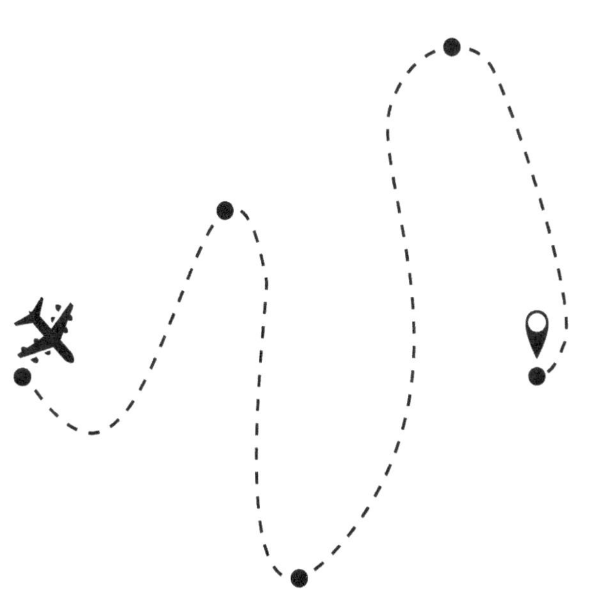

ISAAC LÓPEZ PITA

Economista colegiado, licenciado en Derecho, Máster en Inteligencia Emocional y Coaching y Especialista en Psicología Positiva Aplicada. Con más de veinticinco años en el ejercicio libre de la profesión, ha gestionado numerosos proyectos empresariales en diferentes ámbitos de consumo, tanto en gran distribución como en comercio minorista, y en diversos sectores (alimentación, medicina natural y joyería, entre otros).

Desde 2010 ejerce la consultoría e imparte formación específica sobre gestión del cambio, y realiza procesos de acompañamiento para empresarios y profesionales en escenarios de transformación y desarrollo personal.

KOLIMA
BOOKS

www.ingramcontent.com/pod-product-compliance
Lightning Source LLC
LaVergne TN
LVHW010329200726
843507LV00010B/1417